职业教育电子商务专业改革创新教材

网络营销与推广

主　编　肖　进

副主编　纪晓远　王志刚

参　编　高昊宇　李庆武　孙进中　张永富

机械工业出版社

本书共有六个单元，主要内容包括网络营销基础知识，网络营销策略、方法及相关知识、搜索引擎推广、社交网络推广、即时通信推广、自媒体营销推广。每个单元设有学习目标，根据学习目标制定学习任务，有利于引导学生主动学习。同时，本书包含较多的实际操作步骤和丰富的案例分析，具有很强的操作性，不仅能很好地激发学生的学习兴趣，还有利于学生更快地掌握专业知识，熟练操作技能，边操作边学习更容易掌握学习要点。

本书适合作为职业学校电子商务专业、市场营销专业、电子信息专业、网络应用专业、信息管理专业、工商管理专业或相关专业的教材，也可供初级电子商务人员、网络营销人员、企业经理、营销管理人员培训学习使用。

图书在版编目（CIP）数据

网络营销与推广/ 肖进主编．—北京：机械工业出版社，2017.2（2023.1 重印）

职业教育电子商务专业改革创新教材

ISBN 978-7-111-55920-7

Ⅰ．①网…　Ⅱ．①肖…　Ⅲ．①网络营销—职业教育—教材

Ⅳ．①F713.365.2

中国版本图书馆 CIP 数据核字（2017）第 008650 号

机械工业出版社（北京市百万庄大街 22 号　邮政编码 100037）

策划编辑：聂志磊　　责任编辑：聂志磊　王　慧　徐永杰

责任校对：马丽婷　　封面设计：马精明

责任印制：单爱军

北京虎彩文化传播有限公司印刷

2023 年 1 月第 1 版第 7 次印刷

184mm×260mm・10.25 印张・248 千字

标准书号：ISBN 978-7-111-55920-7

定价：35.00 元

电话服务　　网络服务

客服电话：010-88361066　　机　工　官　网：www.cmpbook.com

010-88379833　　机　工　官　博：weibo.com/cmp1952

010-68326294　　金　书　网：www.golden-book.com

　机工教育服务网：www.cmpedu.com

前言 Preface

电子商务作为现代服务业中的重要产业，有“朝阳产业、绿色产业”之称，具有“三高”“三新”的特点。“三高”即高人力资本含量、高技术含量和高附加价值；“三新”是指新技术、新业态、新方式。同时，我国出台了一系列电子商务政策和法规，推动电子商务的快速发展，从而使得电子商务发展的内在动力持续增强，电子商务人才需求逐步加大，主要有网络营销推广专员、电子商务专员、网络运营经理、网络营销总监、网络营销经理、网络营销主管、网络营销专员、网站开发人员、网站策划、网页/网站设计师、网店美工、网络编辑、在线客服等，众多的岗位群带动了大量的岗位人才需求。

在教育部关于“培养具有综合职业能力，在生产、服务、技术和管理第一线工作的高素质劳动者和中初级专门人才”的培养目标指导下，基于社会对职业学校电子商务专业学生的基本要求和人才培养目标，考虑本书在编写时理论和实操相结合，重点突出实操性教学，学生可以根据操作步骤逐步掌握应用技能。

本书从目前主流的网络营销方式入手，结合市场营销学，着力介绍以下几点：

1. 网络营销基础知识：通过基础学习认识网络营销，了解网络营销与传统营销的区别，学会分析网络营销环境，使用网络营销做市场调查，掌握基本的网络推广方式。

2. 网络营销策略、方法及相关知识：作为营销课程，掌握营销策略及方法极其重要，好的营销方法有助于我们获得更好的营销效果。书中以营销策略、方法为指导，结合案例分析，有助于学生快速掌握不同的营销方法，从而实现不同的营销效果。

3. 搜索引擎推广：搜索引擎推广是目前企业常用的营销方式，也是效果实现较快的网络营销方式之一。搜索引擎推广出现得较早，相对较成熟，本书着重介绍搜索引擎优化（SEO）、付费点击（PPC）等搜索引擎推广方式。

4. 社交网络推广：随着社交网络的发展，加之网络用户言论相对自由，因此社交网络推广是企业进行口碑建立与口碑宣传不可或缺的营销方式之一，书中详细介绍了多种社交网络推广方法。

5. 即时通信推广：移动互联网的发展直接推动即时通信工具的普及，结合当下流行的即时通信工具，着力介绍即时通信推广的方法和操作细节。

6. 自媒体营销推广：当前已处于大众自媒体时代，自媒体营销是成本低、权威性高的网络营销方式，因此本单元深入分析当下热门的微信、微博的推广方法。

基于以上六点分析，将本书分为六个单元，编著时，在选取内容上更注重网络营销知识的基础性和实用性相结合，这样更易于职业学校学生对专业知识的学习和掌握。

由于编者水平有限，书中难免有不足之处，恳请读者提出宝贵意见和建议。

编　者

目录 Content

第一单元

UNIT 1

网络营销基础知识

随着互联网时代的发展，网络用户数量的剧增，网络购物、网上消费、电子产品越来越被认可，因此很多商家把传统的广告搬到网络上。在竞争日益激烈的市场环境中，网络营销显得尤为重要，本单元就带大家来认识一下网络营销。

学习目标

1. 了解网络营销基础知识。
2. 掌握网络营销的策略与方法。
3. 掌握网络调查的方法。
4. 学会网络营销素材积累。
5. 掌握网络推广的渠道、方式。

模块一 互联网营销基础

一、网络营销概述

网络营销是当今社会经济发展不可或缺的一种新型营销方式，是整体营销战略的一个重要组成部分，对改善企业销售环境、提高产品竞争能力、扩大市场占有率具有非常重要的作用。

（一）网络营销的概念

对于网络营销，国外有许多提法，如 Internet Marketing、Network Marketing、Cyber Marketing 和 Online Marketing 等。不同的提法有着不同的含义，其中 Internet Marketing 侧重的是互联网的营销。

在国内，网络营销尚未有统一的定义，不同的学者从不同的方面给予了不同的解释。从“营销”角度来讲，网络营销是以互联网为载体，以符合网络传播的方式、方法和理念实施营销活动，以实现营销目标或社会价值。

比如，在互联网的世界里有很多产品，消费者无从选择（见图 1-1），或者根本不知道你，那么你可以基于互联网使用某种方式方法，让消费者了解你、认识你、选择你，这个过程就是网络营销。

图 1-1　选择困惑

（二）网络营销的特点

网络营销作为一种基于互联网的全新的营销方式，具有传统营销根本不具备的许多独特的、十分鲜明的特点。比如：个性化、交互式、富媒体、时域性、全球性、实践性等，如图 1-2 所示。

图 1-2　网络营销的十大特点

（三）网络营销的产生与发展历史

20 世纪 90 年代初，互联网的飞速发展在全球范围内掀起了互联网热潮，世界各大公司纷纷利用互联网进行企业与产品宣传，拓展公司的业务范围，并且按照互联网的特点积极改组企业的内部结构，探索新的管理营销方法，网络营销应运而生。随着技术的进步和时代的发展，网络营销走过了以下几个阶段。

第一阶段：黄页型（yellow page）

黄页展示企业信息，取代了传统的传播介质，它的优势在于使用方便、内容丰富、传播范围广、获得成本低。如图 1-3 所示中国 114 黄页，便是专业的中文黄页门户网站。

中国114黄页
www.114chn.com
中 国 城 市 商 务 门 户

图 1-3　中国 114 黄页

第二阶段：广告型（pamphlet）

该类型以企业网站为主，取代了传统的企业介绍画册，增加了多媒体内容，信息量更大，能为企业和消费者建立良好的沟通渠道，受到众多企业的欢迎，发展到现在，几乎每一个企业都有自己的企业网站，如图 1-4 所示为苹果（中国）官方企业网站。

图 1-4　苹果（中国）企业网站

第三阶段：销售型（sale）

当前国内企业主要处于这个发展阶段，如京东（见图 1-5）、淘宝、唯品会等购物平台销量年年攀升，并且这些购物平台不断细分和深化，适应市场变化，出现 B2C、C2C、C2B、O2O 等网络购物模式，由于网络平台大大降低了企业经营成本，使之成为获利最快的商业网站。

图 1-5　京东商城

第四阶段：整合型（integrated）

随着网络时代的发展，越来越多的企业采用了整合型的营销管理方案，该阶段诞生了很多综合门户网站，该类型网站可以完成产品销售、招聘、招商引资、企业宣传、售后服务、技术支持、合作意向等功能，凡是可以公开的内容，都可以在网络上执行。例如，58同城（见图 1-6）、智联招聘、携程旅行等。

图 1-6　58 同城

第五阶段：在线生产在线消费（Produce Online & Consume Online—POCO）

其实这种方式现在就已经存在，只不过它仅仅存在一些特殊商品上，人们忽略了罢了。例如，远程教育，远程医疗，视频直播（见图 1-7）等，这是网络营销的最高形式，即生成即销售。

也许有的企业认为，我是卖玉米的，怎么可能 POCO 呢？这实际上是长期以来受实物经济束缚的结果，一直以来企业通过实物的销售实现价值，实物销售在企业获得的利润占很大比重，但是在新经济条件下，高附加价值的产品越来越多，产品本身的作用越来越淡化。如同样一个汉堡，在麦当劳就可以卖 15 元，在其他地方只能卖 8 元，关键在于产品包含的附加价值不一样。销售玉米表面上看似乎就是销售一种食物，而有的企业会选择销售健康、销售环保，消费者通过网络接收到企业想传播的信息，了解了产品，购买产品实际就购买了健康和环保，企业的价值也就实现了。

图 1-7　天涯秀场直播

二、网络营销与传统营销的区别

网络营销是借助网络和数字交互式媒体来实现营销目标的一种市场营销方式。传统营销是强调将尽可能多的产品和服务提供给尽可能多的顾客，而进行大量人力与广告投入的活动过程。两者是有一定的区别的，具体见表 1-1。

表 1-1　网络营销与传统营销的区别

对比项目	传统营销	网络营销
市场营销心态	通过单一、单向的方式宣传品牌	更为自然的对话和关系，更加透明，容易赢得信任，建立信誉
品牌价值	品牌回想率很高	品牌价值由客户来决定（要竭力让客户对商品或服务给出很高的评价）
市场细分	根据人口统计数据对客户进行划分	根据客户行为、意见和爱好对客户进行划分
市场定位	根据人口统计数据进行定位	根据客户行为进行定位
交流	广播模式，制造信息并将信息强加于客户使其吸收	数字环境下的互动交流模式，如搜索、查询、客户意见、客户评论，或者直接对话
内容	有市场营销人员制造和控制的专业咨询	包含了专业的和用户生成的内容，可视性更强
病毒式营销	一个好用的功能，但其受欢迎也往往是因为华而不实的介绍，而不是内容本身	基于产品和服务的固定内容，这些产品和服务是值得关注的，可以引发人们的谈论或转发

三、网络营销发展趋势与新模式

随着网络技术和信息通信技术的发展，互联网成为一个全球性新型媒体，网络营销将持续快速地增长。

（一）网络营销的发展趋势

根据互联网的发展特点以及市场营销环境的变化，可以预测网络营销将会呈现以下的发展趋势。

（1）网络媒体和网络技术将深度应用　网络的防火墙技术、信息加密技术将更加成熟，这将有助于提高网络系统安全性。随着各种网上支付方式的推行，电子商务将更加繁荣，网络营销形式也将更加多样。如图 1-8 所示支付宝加密技术及功能的完善使得应用越来越丰富。

（2）营销决策趋于理性化　随着网络消费者的购物经验日益丰富，其购买与消费行为趋于理性，因此忽视顾客理智与情感的营销策略需要改变。如图 1-9 所示为某商家的营销活动，该活动加入情感元素——“原来你是这样的吃货”，消费者看到后就会产生求知心理，我会是哪种？我的伙伴会是哪种？让用户积极分享转发，转发的过程设置领取优惠券内容，带动消费。

（3）互动营销将成为主流　随着个体网络传播的影响，营销不再停留在企业对用户的方式上，将来人人都有机会参与到营销中，制定营销规则，如图 1-10 所示。

图 1-8　支付宝应用越来越丰富

图 1-9　某商家情感营销活动

图 1-10　某商家互动营销活动

（二）网络营销发展的新模式

（1）移动互联网营销　随着无线通信技术的发展与普及，移动互联网营销已经成为网络营销的重要组成部分，如图 1-11 所示。

图 1-11　移动搜索引擎推广

（2）新媒体营销　新媒体是在相对传统的报刊、广播、电视等媒体以后发展起来的新的媒体形态，包括网络媒体、手机媒体、数字电视等。现在常用的有微博（见图 1-12）、微信、论坛、搜索引擎、网络视频、网络直播等营销方式。

图 1-12　微博营销

（3）APP 营销　APP 指的是智能手机的第三方应用程序，APP 用户数量直接影响企业经营发展，因此 APP 营销已成为众多企业的核心营销工作之一，如图 1-13 所示是目前比较主流的 APP。

图 1-13　主流 APP

（4）O2O 营销模式　O2O 即 Online To Offline（线上到线下），是指将线下的商务机会与互联网结合，让互联网成为线下交易的平台。因此，O2O 营销即线上营销线上购买带动线下经营和线下消费。

O2O 通过打折、提供信息、服务预订等方式，把线下商店的消息推送给互联网用户，从而将他们转换为自己的线下客户，这种模式特别适合必须到店消费的商品和服务，比如餐饮、健身、看电影和演出、美容美发、摄影、酒店等，如图 1-14 所示为某团购网站的线上消费线下体验。

图 1-14　线上消费线下体验

模块二　网络营销环境分析与对策

互联网已经成为面向大众的普及性网络，其无所不包的数据和信息，为上网者提供了便利的信息搜集途径。同时，上网者既是信息的消费者，也可能是信息的提供者，因此，信息和用户构成了一个市场营销的整体环境。

一、网络营销的宏观环境

网络营销宏观环境是指对企业网络营销活动影响较为间接的因素总称，主要包括政治法律、人口、经济、社会文化、科学技术、自然地理等环境因素。比如，李彦宏在 2011 年百度联盟峰会上提出“互联网思维”（见图 1-15）一词，提出互联网时代的思考方式不仅仅局限在互联网产品、互联网企业，还可以在企业内部管理、上下游关系、信息互通等方面开展互联网化。

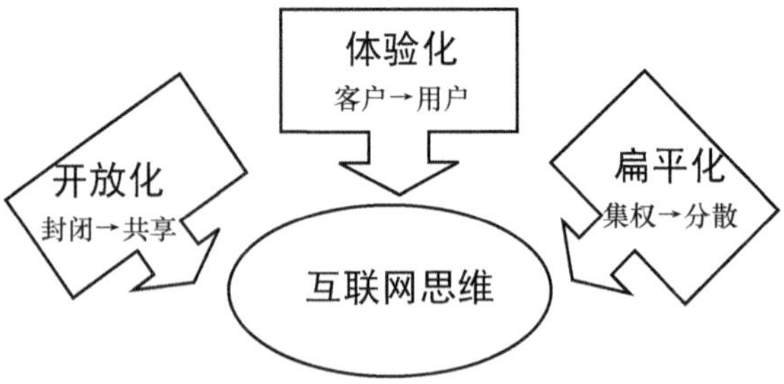

图 1-15　互联网思维

未来的网络形态一定是跨越各种终端设备的，如计算机、便携式计算机、平板电脑、手机、手表、眼镜等都可以连接网络实现网络体验，如图 1-16 所示。

图 1-16　跨平台浏览

2015 年 4 月，李克强总理在经济形势座谈会上说了这样一句话："现在很多人，到什么地方先问'有没有 WiFi'，就是因为我们的流量费太高了！"总理的一句话让广大网民备感亲近，网民高呼"总理懂我！"各大运营商也有所回应，提速降价，相信大家真真切切地感受到了福利。

李克强总理还提出"互联网+"行动计划，推动移动互联网、云计算、大数据、物联网等与现代制造业结合，促进电子商务、工业互联网和互联网金融健康发展，引导互联网企业拓展国际市场。于是很多企业和个人都在思考"互联网+什么"，如图 1-17 所示。大家可以设想一下，你认为互联网可以"+什么"。

图 1-17　互联网+什么？

二、网络营销的微观环境

网络营销微观环境是指与企业网络营销活动联系较为密切、作用比较直接的因素总称，主要包括企业内部条件和供应商、营销中介、顾客、竞争者、合作者等。

如图 1-18 所示，大家一起来区分一下微观环境和宏观环境。

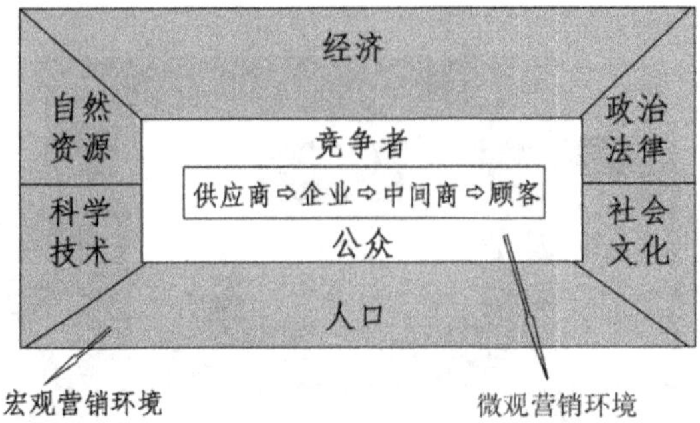

图 1-18　网络营销环境构成

三、网络营销环境对策

网络营销环境直接影响企业的网络营销能力和效果，因此，研究网络营销环境及其变化，是企业开展网络营销活动的一个重要课题。

（一）网络营销环境的分析

网络营销环境随时都在发生变化，但并不是所有发生的事件都会影响企业的运营，企业可通过有组织的调研、预测与分析，将有可能影响企业网络营销的环境因素提取出来。可以采用 SWOT 分析法进行分析，如图 1-19 所示。

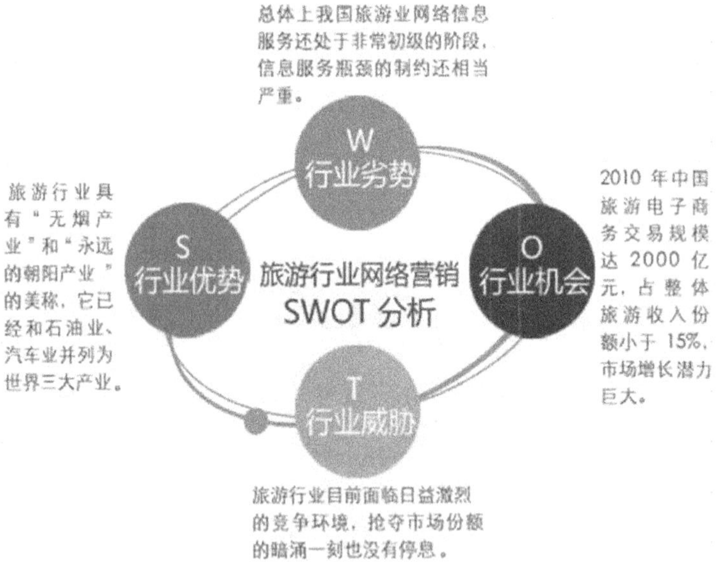

图 1-19　SWOT 分析法

（二）网络营销环境的对策

企业通过网络营销环境的分析，可找出企业发展机会和避开重大的威胁，对此，企业可分别采取不同的对策。比如现代人生活水平提高，对味道的要求越来越高，吃好比吃饱重要多了，所以出现了很多介绍美食的平台，如图 1-20 所示。

图 1-20　符合现代网络用户需求的美食平台

模块三　网络营销应用

一、网络营销服务内容

网络营销服务就是以互联网为主要手段进行的，为达到一定营销目的而提供的一系列网络营销服务活动。主要包含以下几个方面：

（一）网上市场调查

网上调查主要是利用互联网的交互式信息沟通渠道来实施调查活动。它包括直接在网上通过问卷进行调查，还包括通过网络来收集市场调查中需要的一些二手资料，如图 1-21 所示为专业的、综合的调查网站。

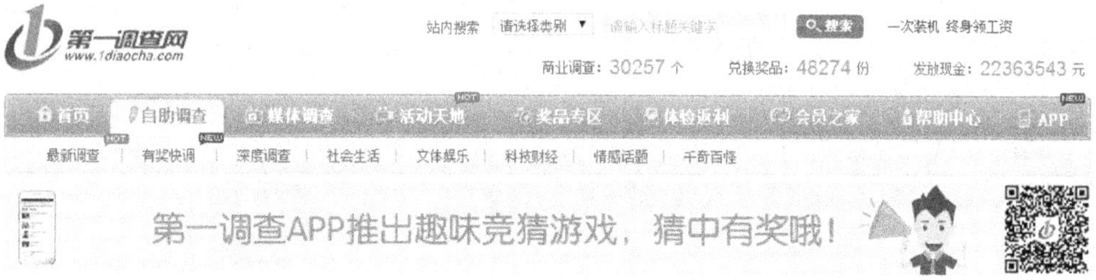

图 1-21　专业的调查网站

（二）网络营销策略制定

不同企业在市场中处于不同地位，在采取网络营销实现企业营销目标时，必须采取与企业相适应的营销策略。同时，企业在制定网络营销策略时，还应该考虑到产品周期对网络营销策略制定的影响。

（三）基础网络营销服务

基础网络营销服务包括域名注册、空间租用、网站设计/开发、网站推广、网站维护等，如图 1-22 所示。

图 1-22　基础网络营销服务

二、网络营销市场调查

网络营销的基础应用便是网络调查。网络调查，又称在线调查（见图 1-23），是指通过互联网及其调查系统把传统的调查分析方法在线化、智能化。其构成包括三个部分：客户、调查系统、参与人群。网络调查不仅能够节约人力、物力成本，更让我们跨越了地域限制，让更多的人参与到市场调查中来，指导企业在面对市场时更好地做出决策，更符合现今的市场状况。

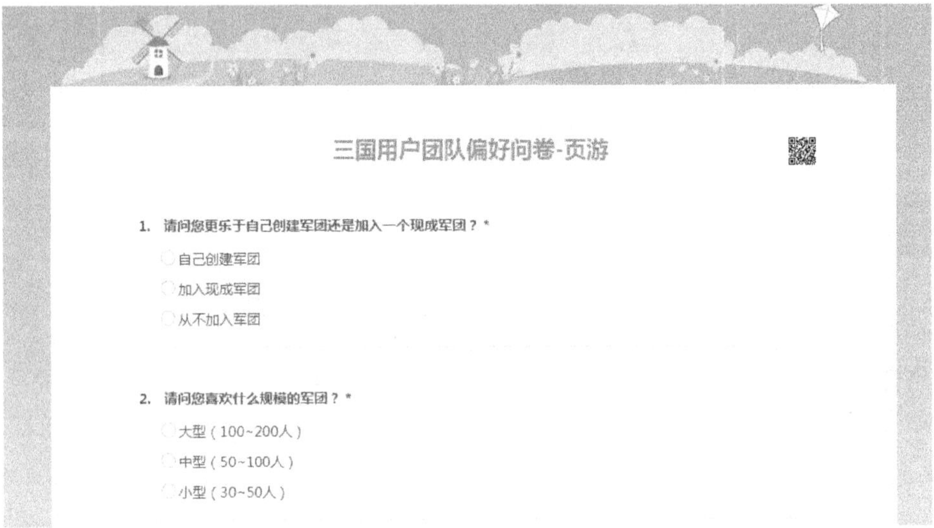

图 1-23　在线调查

（一）网络调查的方式

市场调查有两种方式，一种是直接收集一手资料，如问卷调查、专家访谈、电话调查等；另一种是间接收集二手资料，如报纸、杂志、电台、调查报告等现成资料。所以，网络调查也有相对应的两种方式。

1）利用互联网直接进行问卷调查等收集第一手资料，比如很多网站都会有关于自己产品或服务的满意度调查，这种方式就是网上直接调查，如图 1-24 所示。

图 1-24　直接发布调查

2）利用互联网的各种媒体平台收集二手资料，因为现在越来越多的企事业单位都建立了自己的网上平台，网民也乐得上网娱乐，这里就汇集了大量的信息，调查者能从这里挖掘大量的有价值的信息，这就是网上间接调查。如图 1-25 所示，通过分析二手调查结果，可以获取自己想要的信息。

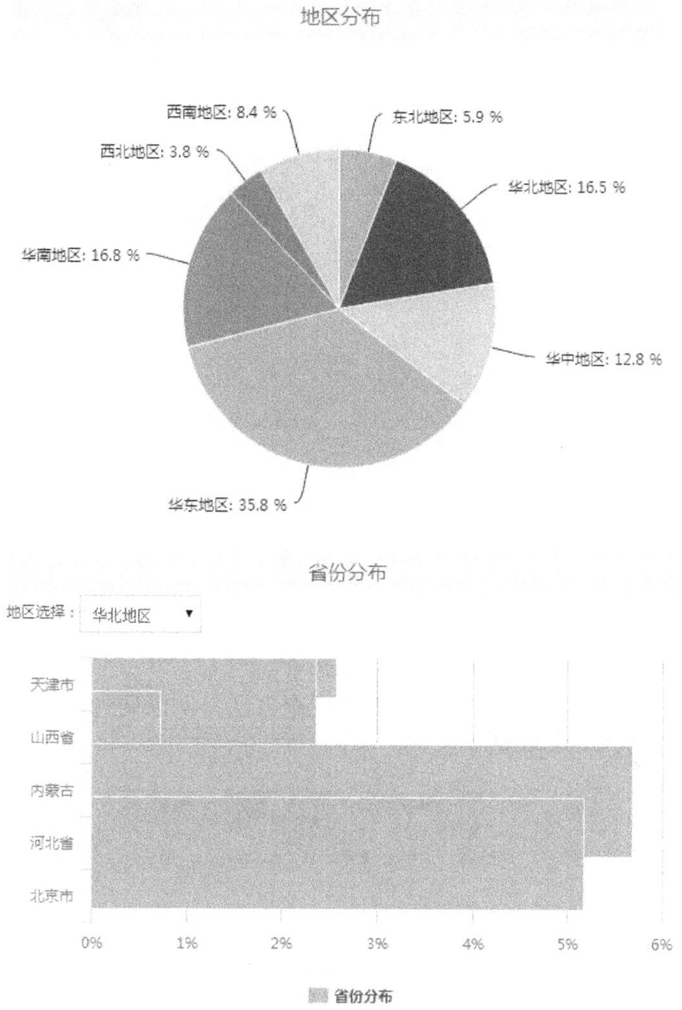

图 1-25　某网站调查结果

（二）网络调查的方法步骤

网上直接调查是企业主动利用网络获取信息的重要手段，必须遵循一定的步骤进行。

1．确定目标

企业可以利用网络通过与消费者进行沟通，了解本公司的产品服务能否很好地满足消费者，并且了解客户对企业的期望和建议。在进行网络直接调查前，必须考虑调查对象是谁，他们是否上网，群体数量是否足够多，这样调查的结论才更真实可信。如图 1-26 所示，参与调研的产品为安全座椅，那么调查目标就是家长聚集的网站，所以商家将调查放到专业的育儿类网站上。

图 1-26　某安全座椅的调查

2．确定方法

网上直接调查方法主要是网上问卷调查，因此，设计网上调查问卷是进行网上直接调查的关键。由于要调查的人群可能有不同的特点，所以调查问卷最好分层设计。有些问题限于一部分调查者，借助层次的过滤寻找适合的回答者。

如图 1-26 所示采取的是开放的观点式的调查方法，所以调查结果为文字形式，是调查者发表的各自观点，如图 1-27 所示。

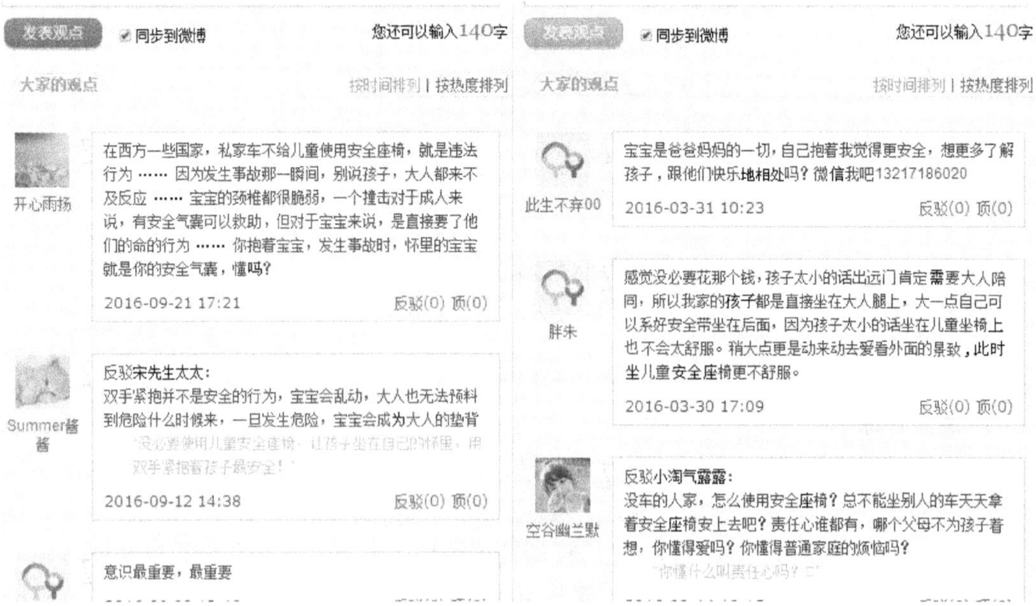

图 1-27　观点式调查结果

3．推动调查

在网上直接调查时一般都是采用被动调查方法，将调查问卷放到网站等待被调查对象自行访问并接受调查。因此，我们要注意吸引访问者参与调查，为提高受众参与的积极性可提供免费礼品等，如图 1-28 所示。另外，还要注意保护调查者的隐私。

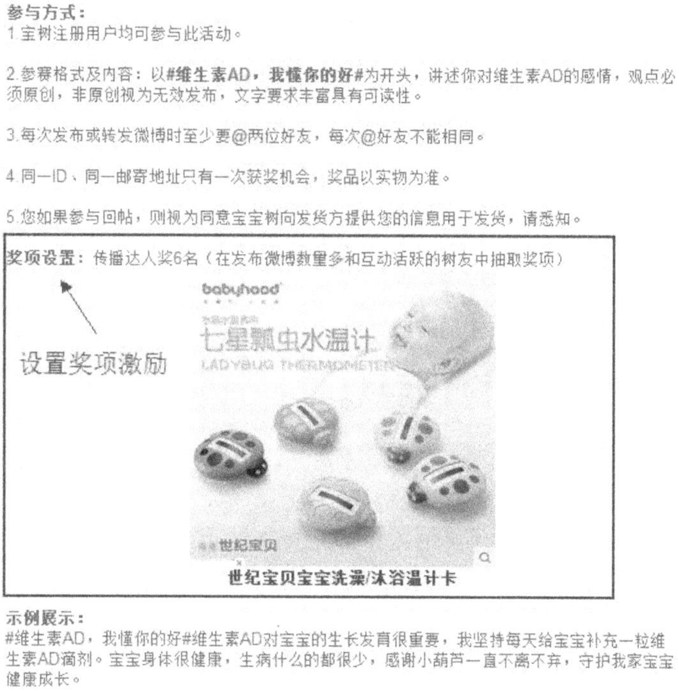

图 1-28　设置奖项激励用户参与

4．分析结果

无论是传统问卷还是网上问卷，我们都要排除不合格问卷，并进行数据分析，进行论证，表 1-2 是对小学到大学阶段的人群做的近视调查结果分析。

表 1-2　近视调查结果分析

信息渠道	涉及方面	具体内容
博客问卷	近视原因	做作业到太晚，睡眠不足，过度看电视、玩计算机，摄入大量的蛋白质等
网络媒体	近视状况	我国近视率已接近 30%，小学生 22.7%患有近视，初中生近视率猛增到 55.8%，高中生 70.3%的人戴上眼镜，大学生近视比例高达 80%
书籍资料	如何预防	要养成良好的用眼习惯

5．撰写报告

这是体现调查成果的最后一步，主要是基于前面对结果的对比分析，得出结论并对以后的企业工作开展起到一定的指导作用，图 1-29 便是根据调查结果做出的图形报告。

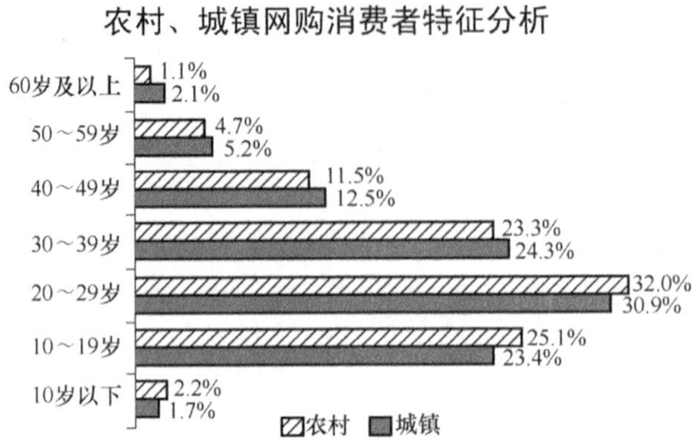

图 1-29　调查报告图形展示

三、网络营销服务对象与范围

网络营销有特定的服务对象和应用范围。

（一）网络营销的服务对象

1．个人网络营销

个人可以通过网络的方式进行营销，目前这种方式已经被广大网民广泛使用。目前常见的自媒体平台如图 1-30 所示。

图 1-30　常见的自媒体平台

2．企业网络营销

网络的商用价值成为互联网营销的主流，目前大量的企业通过网络营销的方式拓展自己的业务。

（二）网络营销的应用范围

1）应用网络营销可开展市场营销活动，如图 1-31 所示。

图 1-31 在官网上开展营销活动

2）应用网络营销可对产品、服务等做一系列经营活动。例如，好多企业成立之初业务比较单一，但是随着网络营销良好的效果，带来了大量的用户，进而开展更多的业务项目，如图 1-32 所示，宝宝树从单一的论坛发展成集电商平台、手机应用等多种服务于一体的综合网站。

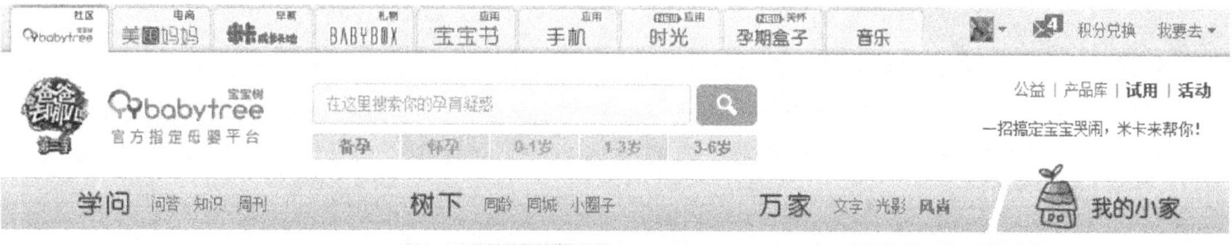

图 1-32 宝宝树服务多样化

3）应用网络营销为企业进行品牌宣传，提升品牌价值。如图 1-33 所示，凡客利用电商平台及良好的网络营销成功塑造了一个知名的网络服装品牌，深受青年喜爱。

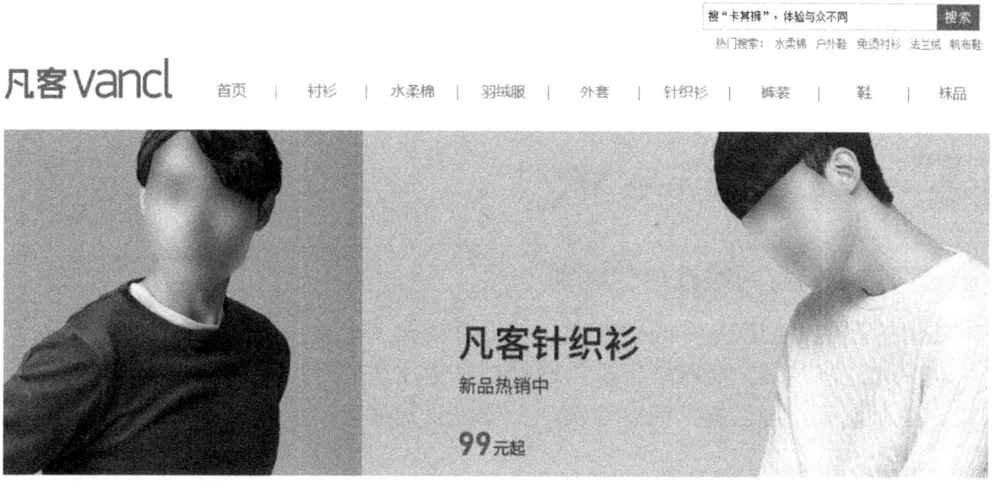

图 1-33 凡客首页

4）应用网络营销增强企业商业策划能力，突破常规网络营销方法，创造出独特、新颖，富有创意和吸引力，且持久的颠覆式营销方法。

如图 1-34 所示，小米利用网络营销的互动性，成功塑造小米的口碑，使得其产品一经上市就火爆销售，并基于小米口碑营销的成功案例创作了《参与感》一书。

图 1-34 《参与感》封面

5）创造企业社会化媒体营销，一般社会化媒体营销工具包括论坛、微博、博客、SNS、微信公众号等。如图 1-35 所示，闪送将百度贴吧变为自己的社会化媒体营销工具。

图 1-35 百度贴吧・闪送吧

模块四 网络营销与网络推广

一、网络营销与网络推广的区别

网络营销和网络推广是不同的概念，网络营销偏重于营销层面，更注重网络营销后是否产生实际的经济效益。而网络推广重在推广，更注重的是推广给企业带来的网站流量、访问量、注册量等。可以说，网络营销中必须包含网络推广，网络推广是网络营销的核心工作。

图 1-36 鲜明呈现了网络营销、网络推广、网站运营的关系。

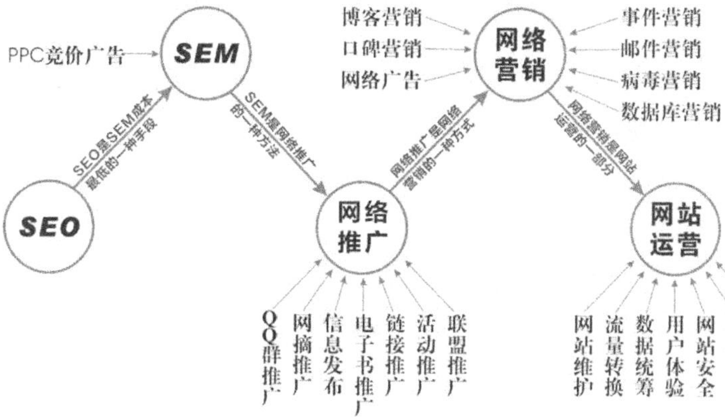

图 1-36　网络营销、网络推广、网站运营

二、网络推广必备基础

（一）做好推广资源的积累

作为一个推广工作者去推广一个产品，首先需要积累对自己有用的素材，资源的积累是顺利展开推广工作的有利保障。

1．素材积累

建议首先新建一个网络推广的文件夹，里面依次分类，比如可分为论坛类、设计素材类等，如图 1-37 所示，这样做可以很清晰地找到相对应的资源。

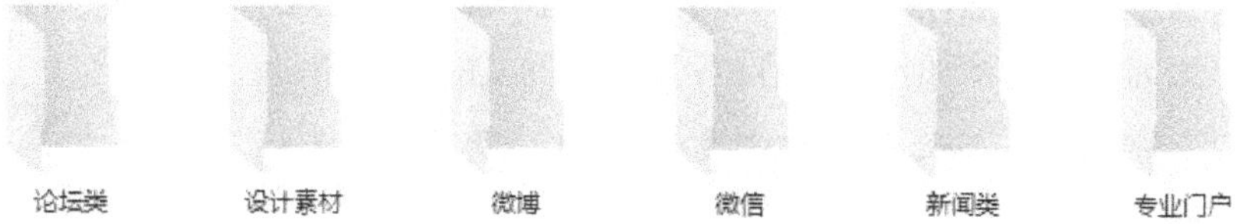

图 1-37　将素材分类管理

然后再做一个 Excel 表格，分别把这个分类里的网站类型记录下来，在表格里做好相关登记，如 alexa 排名、pr 值、站长联系方式、网站地址、备注等，如图 1-38 所示。慢慢积累所知道的网站，时间久了也是推广工作者宝贵的财富。

A	B	C	D	E	F	G	H	I
序号	网站名称	域名地址	alexa排名	pr值	站长联系方式	收费参考	记录日期	备注
1	网易新闻	http://www.163.com/	17	368190000			2016.9.13	

图 1-38　建立 Excel 表格记录详细信息

2．合作商积累

因为推广需要和第三方合作，所以必须对这些平台有一定的了解，跟它们保持一定的联系。如在 QQ 和微信上建立合作分组，方便查找，同时，可以多加些和推广工作相关的群，尽量拓展、延伸自己的人脉，如图 1-39 所示。

图 1-39　建立分组管理及加入相关群

3．账号积累

通常在问答、论坛、社区等平台需要账号登录才能进行下一步的推广工作，如百度问答、百度贴吧、网易论坛、天涯社区、猫扑、豆瓣、知乎等，因此每注册一个账号最好都记录下来，尤其是等级高的，会增加推广内容的可信度，如图 1-40 所示。

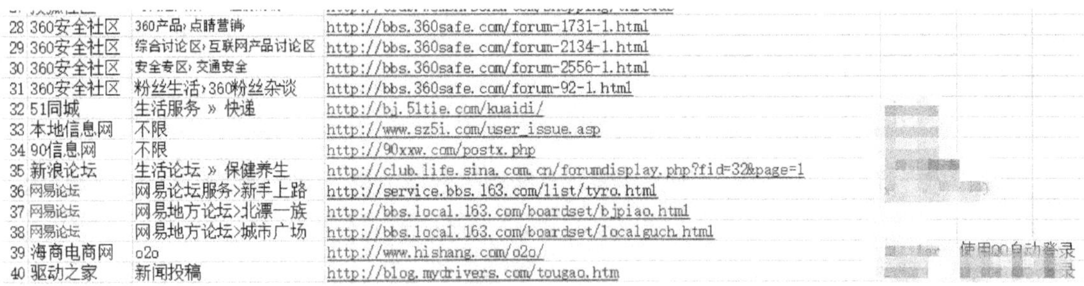

28	360安全社区	360产品›点睛营销	http://bbs.360safe.com/forum-1731-1.html
29	360安全社区	综合讨论区›互联网产品讨论区	http://bbs.360safe.com/forum-2134-1.html
30	360安全社区	安全专区›交通安全	http://bbs.360safe.com/forum-2556-1.html
31	360安全社区	粉丝生活›360粉丝杂谈	http://bbs.360safe.com/forum-92-1.html
32	51同城	生活服务 » 快递	http://bj.51tie.com/kuaidi/
33	本地信息网	不限	http://www.sz51.com/user_issue.asp
34	90信息网	不限	http://90xxw.com/postx.php
35	新浪论坛	生活论坛 » 保健养生	http://club.life.sina.com.cn/forumdisplay.php?fid=32&page=1
36	网易论坛	网易论坛服务>新手上路	http://service.bbs.163.com/list/tyro.html
37	网易论坛	网易地方论坛>北漂一族	http://bbs.local.163.com/boardset/bjpiao.html
38	网易论坛	网易地方论坛>城市广场	http://bbs.local.163.com/boardset/localguch.html
39	海商电商网	o2o	http://www.hishang.com/o2o/
40	驱动之家	新闻投稿	http://blog.mydrivers.com/tougao.htm

图 1-40　记录论坛名称、版块、链接及账号等

（二）善用数据统计工具

数据分析能力在整个推广过程中起到核心的作用，当推广了一段时间后，你需要知道采取哪种方式来流量快，因此我们要掌握分析数据的能力。这里我们可以借助第三方统计工具来帮忙，如友盟（见图 1-41）、站长统计（CNZZ）、51 统计、百度统计等。

图 1-41　友盟统计

三、网络推广的方式

常见的网络推广方式有搜索引擎推广、论坛推广、门户网站推广、友情链接推广、弹窗推广、博客推广、QQ 推广等，以及当下流行的微博、微信、网络直播等新媒体渠道推广。

1．论坛（BBS）　推荐指数：★★★★

论坛是网络社区最主要的形式之一，如猫扑（见图 1-42）、天涯等。论坛是一个很好的推广渠道，一般来说，论坛用户群体庞大、受众群广、互动性强，可人为制造影响力，可以在论坛上发布相关软文、帖子，把信息公开，这种方式是要铺天盖地地发布信息，就如同在浩瀚的大海里捕鱼，不管能不能捕到，只有撒了网才知道。

缺点：论坛参与人员数目众多，社区版块繁多，目标受众群不易确定，而且软文质量要求较高，需要团队配合。

图 1-42　猫扑网

2．问答类网站　推荐指数：★★★★

问答类网站具有极强的互动性，可快速传播信息，如知乎网（见图 1-43）、百度知道、360 问答等，问答类网站推广属于口碑推广的手段之一。企业可利用问答类网站，结合 SEO 的技巧，抛出用户关心的问题并进行解答，植入相关的信息。其一般具有高权重、收录快、排名好等特点，是一个较好的推广方式。

缺点：其对账号有等级要求，相对来说操作比较复杂。

图 1-43 知乎网

3. 软文推广 推荐指数：★★★★★

软文推广可谓是网络推广中不可或缺的工具之一，如图 1-44 所示今日头条，用户可以注册成为发稿人，在上面发布软文。在一个流量比较大的平台上面进行一个软文的营销是现在非常流行的做法。它的优点是操作方便，在众多网站投稿都是免费的，但对软文要求质量较高，如果“软性化”广告特性明显可能会被拒稿。

缺点：软文质量的好坏，对推广效果有直接影响。

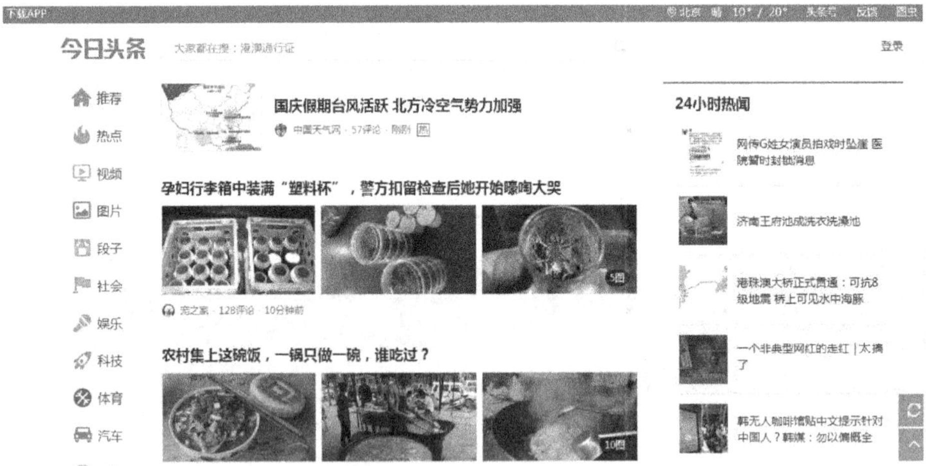

图 1-44 今日头条

4. 网址导航 推荐指数：★★★

各大企业一直都想把称为流量入口的网址导航作为首选的推广方式，比如 360 导航（见图 1-45）、hao123 等，但由于综合网址导航页面空间有限，涵盖内容繁杂，很难得到一席之地而且不能精准地找到用户群体，因此垂直细分网址导航走入人们的视野，成为推广新趋势。垂直细分的定位和自助建站平台正在成为免费营销宣传的最佳方式。

缺点：网民对其建立的网址导航定位不够明确，仿照复制传统综合网址导航，导致用户群体不精准，可能导致推广效果不佳。

图 1-45　360 导航

5. 即时通信　推荐指数：★★★★

通过即时通信进行网络推广见效快、成本低，如 QQ、阿里旺旺等，虽然 QQ 上会有病毒和骚扰的情况出现，但是仍然抵挡不住人们使用 QQ 的热情。即时通信成为网络推广的众多方式之一，企业可以根据自己相关产品特性加入有针对性的群组，发布相关消息，或者自建群组，用户针对性更强。

缺点：即时通信推广多是在互相认识或兴趣相似的朋友圈进行信息发布推广。需要把握好度，否则容易使人反感。

6. 微信　推荐指数：★★★★

微信正成为网络推广方式的新宠之一。随着移动互联网的快速发展，微信在营销中的价值是无法预估的。其将信息推送给关注用户率为 100%，精准的营销宣传，可以一对一有针对性地对某一用户进行消息推送，也可以针对某一地域和某一点进行消息的推送。经营订阅号，可引起更多用户关注。此外，还可以在朋友圈里发布相关信息，如图 1-46 所示微信朋友圈广告。

图 1-46　微信朋友圈广告

缺点：目前微信没有像 QQ 那样的是否在线显示，无法保证时效性。

7. SNS 社交网络　推荐指数：★★★

SNS 是早几年重要的网络营销推广方式之一，如人人网（见图 1-47）、开心网、Facebook

（脸书）等，因其拥有用户群体庞大、时效性强、受众面广、传播门槛低、可在线互动等优势，被很多个人、企业用来作为推广宣传的方式。

缺点：因网民关注点的转变，很难在其中造出话题及影响力。

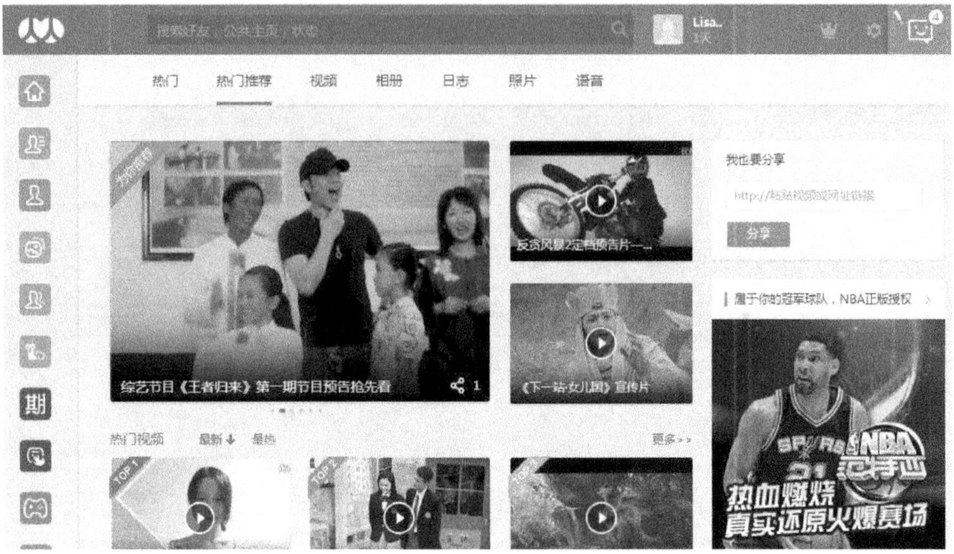

图 1-47　人人网·热门

8．**百科推荐指数：★★★**

其实百科也是网络推广的方式之一，如百度百科（见图 1-48）、维基百科、360 百科等，百科因其具有权威性、知名度高等特点，在网民心中有着不可撼动的品牌效应。

缺点：网民可随意更改百科内容，对互联网信息安全、稳定性造成一定影响。

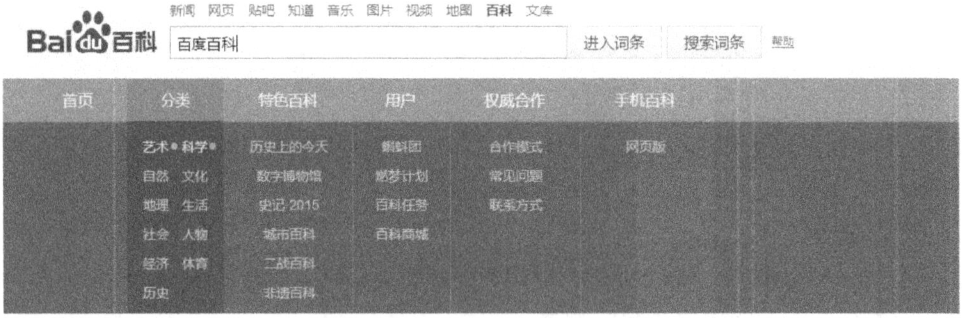

图 1-48　百度百科

9．**博客/微博 推荐指数：★★★★**

微博又称微博客，是养粉、吸粉、转发、大 V 代发的主要平台，比如新浪微博（见图 1-49）、腾讯微博等，微博营销近年很流行，因其素有门槛低、传播速度快、可呈几何级传播、可在线互动等特点快速步入营销手段行列。而博客更是一个推广的好地方，你可以任意撰写广告式文章，随便发布信息，也可互动，还可以增加外链。所以，它是网络推广必不可少的工具之一。

缺点：但就微博来说，因其信息更新速度相当快，不易造成话题和影响力（需要大量粉丝，僵尸粉不算数），在博客上如果不是资深博主说话分量较轻，难造成影响。

图 1-49　新浪博客

以上介绍了目前常用的九种网络推广方式，掌握这些推广方式及其相对应的推广工具，网络营销工作便会得心应手。

第二单元

UNIT 2

网络营销策略、方法及相关知识

在不同的时期，针对不同的产品进行网络营销推广时，会运用到不同的营销推广策略和方法。本章着重介绍时下热门的网络营销策略、营销创业、执行方法及舆情处理，掌握这些知识有助于开拓营销思维，更好地把控网络营销过程，并对网络营销效果进行跟踪。

学习目标

1. 掌握网络营销推广的各种策略。
2. 了解创意并知道如何产生创意。
3. 掌握营销推广的各种方法。
4. 了解舆情及舆情的处理方法。

模块一 网络营销推广策略

网络营销推广策略主要是解决通过什么途径来赚钱的问题，这就需要企业充分分析自身产品的核心优势，清楚企业营销的目标，了解竞争对手的营销方式等，以制定适合自身发展的营销策略。

一、产品策略

产品是市场营销组合中最重要的因素。任何企业的营销活动总是首先从确定向目标市场提供什么产品开始的，然后才会涉及定价、促销、分销等方面的决策。所以，产品策略是营销组合策略的基础。产品策略包含包装、材质、流行元素等多个方面，如图 2-1 所示都是构成产品策略的重要因素。

但是，不是所有线下的产品都可以直接拿到网络上来销售的，当确定要进行网络营销时，必须将其进行网络包装，使其更适合网络用户。如图 2-2 所示是五月花抽纸根据产品特性（如单包价格低、利润低、属消耗品等）、用户需求（如使用频率高、需求量大、免去总逛超市麻烦等）、电商活动及必须邮寄等特性，而对产品包装进行改造，推出大箱装（可容纳 24 小包）的电商专供产品，这样不仅可提升销量，符合用户需要，同时也可满足方便邮递、多销多优惠等网络购物的需求。

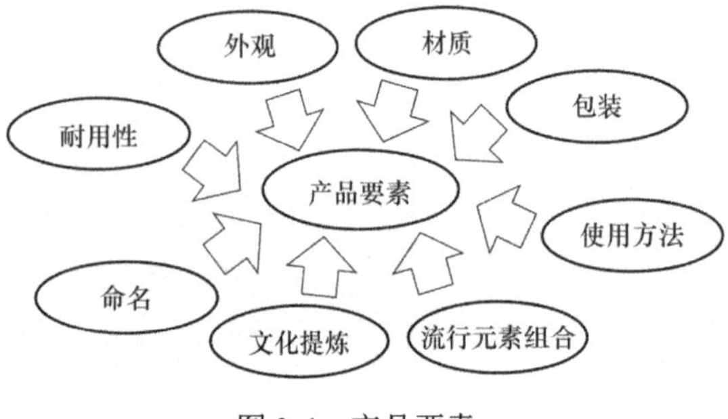

图 2-1 产品要素

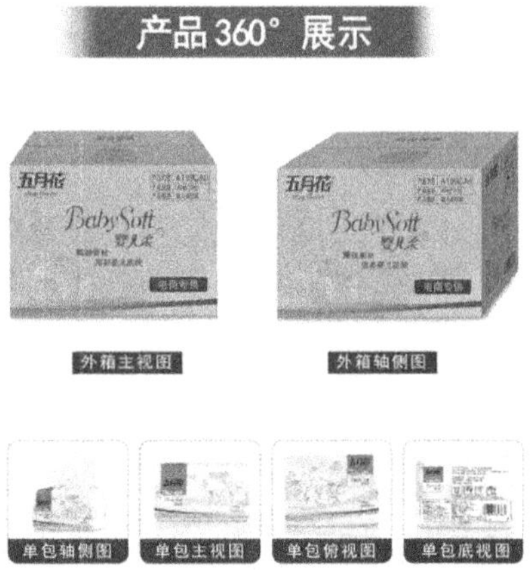

图 2-2 五月花电商专供包装

二、价格策略

价格策略是成本与价格的直接对话，是营销中最为复杂的问题之一，由于信息的开放性，消费者很容易掌握同行业各个竞争者的价格，所以如何引导消费者做出购买决策是价格策略的关键。

比如打车软件 A 和 B，双方的价格策略就非常缜密，它们任何一方的定价都将直接影响到用户取舍，如图 2-3 所示是两个打车软件的价格对比，同样 0 元起步费，同样 1.8 元/公里，但是 A 的候时费高于 B，那么排除其他因素，在没有其他任何活动的情况下细心的用户会更多地会选择 B。

当然，既然是营销定价，那么价格策略肯定会根据市场发展状况而适时调整。例如，在自身品牌推广阶段可以以低价来吸引消费者，比如 A 打车软件在每推出一项服务时，不是发送大量的优惠打折信息，就是推出免费或 1 分钱乘车活动，短时间内聚集大量用户，如图 2-4 所示是 A 打车软件做的营销活动。

图 2-3　A、B 打车软件价格对比

图 2-4　免费及 1 分钱乘车活动

品牌积累到一定阶段后，有了一定的用户基础，那么就可以制定自动价格调整系统，降低成本，根据成本、市场供需状况以及竞争对手的报价来适时调整定价，如图 2-5 所示，两个打车软件在用车高峰时系统会动态加价。

图 2-5　动态加价

三、渠道策略

网络营销的渠道策略应该是本着让消费者方便、加快市场反应速度的原则，为了在网络中吸引消费者关注商家的产品，而开展的与传统渠道不一样的营销策略。

如图 2-6 所示，传统营销一般采用长渠道或短渠道模式，因为其销售渠道层级多，所以制订营销方案后需要一层一层地渗透，行动慢无法快速追踪效果，而网络营销可以建立生产与消费者直接互动的渠道，属于直接渠道模式。

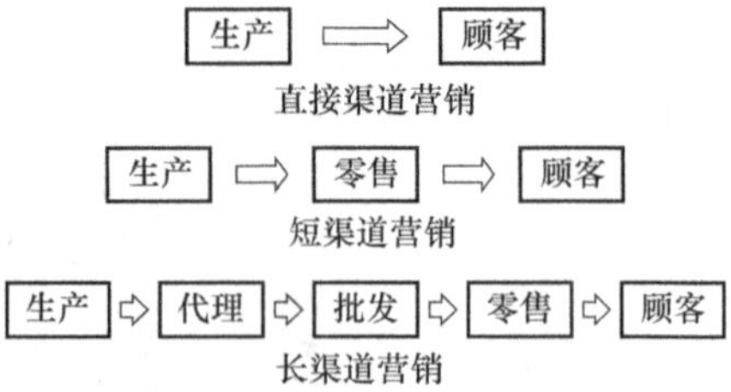

图 2-6　直接渠道、短渠道与长渠道营销模式

比如大家熟知的李宁，2011 年李宁品牌的店铺数量就已超过 8000 家，但是随着互联网电子商务的发展，传统的销售渠道不再能够满足消费者的需求，李宁将销售渠道逐步简化，开设了多个官方购物网站及旗舰店，如图 2-7、图 2-8 所示。

图 2-7　李宁天猫官方网店

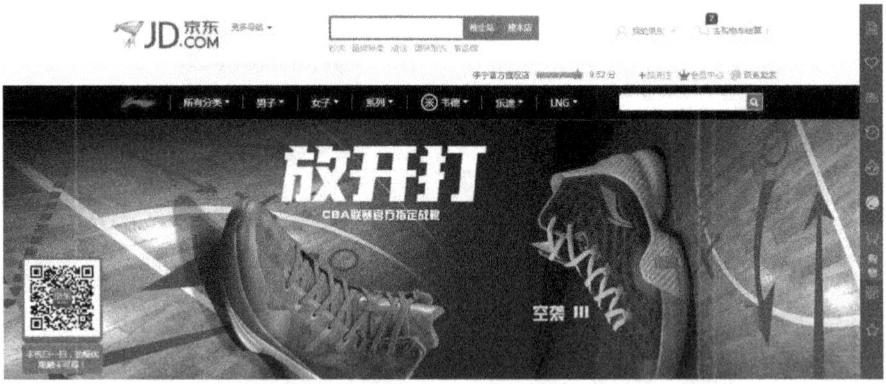

图 2-8　李宁京东官方旗舰店

同时，李宁在多个购物平台都有产品展示及购物链接，如图 2-9 所示是李宁在折 800 网站上做的新品促销活动，通过网络渠道的拓展为自己的产品赢得更多的展现机会，创造了营销机会。同时，通过公司网络渠道的优化，消费者可以第一时间获取商家的促销信息、新产品信息、公司动态、活动信息等，加大了销售的可能。

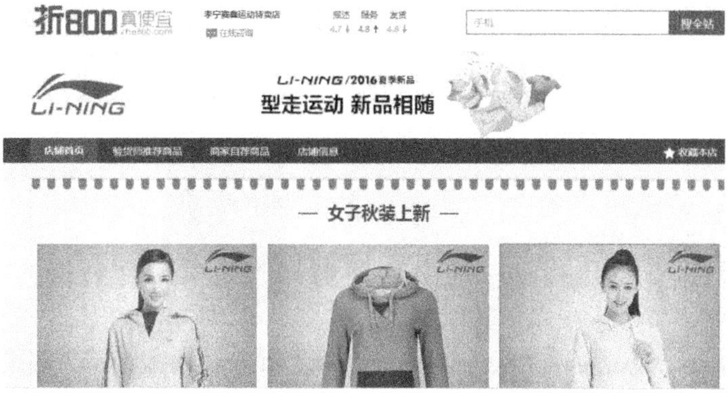

图 2-9　李宁在折 800 网站上的活动

四、促销策略

传统的促销宣传的力度有限，因为用户需要到线下了解活动并体验，但是利用互联网进行的网络促销活动，也就是利用现代化的网络技术向虚拟市场传递有关的服务信息，传播力度大、受众面广。好的促销活动可以短时间内引来大量的用户及快速实现销量的提升，因此网络上的促销活动是商家使用最广泛的营销策略之一。

如图 2-10 所示是京东螃蟹促销活动，“每天三万只”“半价”“限量”等字眼促使消费者产生购买的欲望。如果同样是买螃蟹，消费者首先关注的肯定是有促销活动的商品；当消费者还没有购买欲望时，看到这样的活动广告也会心动，点击进入网页了解详情，从而增加购买的可能性。

图 2-10　京东螃蟹促销活动

又如天猫超市每天都会有“1 分钱抢好货”的活动（见图 2-11），还会不定期推出满多少减多少、第二件半价、买二付一等形形色色的活动（见图 2-12）。消费者进入天猫超市后会被其五花八门的活动吸引，沉浸其中不能自拔，由于天猫超市规定必须满 88 元才包邮，于是很多消费者便会为了享受包邮而购买更多的商品，这些活动使得天猫超市已成为“网络用户逛超市”的首选。

图 2-11　天猫超市 1 分钱促销活动

图 2-12　天猫超市首页促销活动

模块二　塑造网络营销创意点

创意是创造意识或创新意识的简称，是指在对现实存在事物的理解以及认知基础上所衍生出的一种新的抽象思维和行为潜能。它是一种通过创新思维意识，进一步挖掘和激活资源组合方式进而提升资源价值的方法。

一、网络营销与创意

无论是网络营销还是线下营销，创意都是非常重要的，只有好的创意，才可能吸引用户的注意力。如果没有好的创意或者不创意，就算产品再好，文章写得再好，产品价格再低，售后服务再周密，用户也基本不会看到你，注意力不在这里，那么营销便不会发生任何作用。所以，做好网络营销同样需要创意，只有好创意才能更好地引起用户的注意，才能促进网络广告的流量提升和转换。

如图 2-13 所示是 BOSS 直聘最新推出的广告，一经投放便吸引了大量用户。当前互联网招聘已经成为用人单位和求职者主要的联系纽带，然而招聘类网站、APP 数目日益增多，如何快速抓取用人单位和求职者的眼球是这类企业面临的主要问题。BOSS 直聘通过创意广告，将用户诉求推升到新的台阶，“换工作就是换老板”，改变以往以用人单位为主导的求职市场，因此快速占领了招聘领域市场。

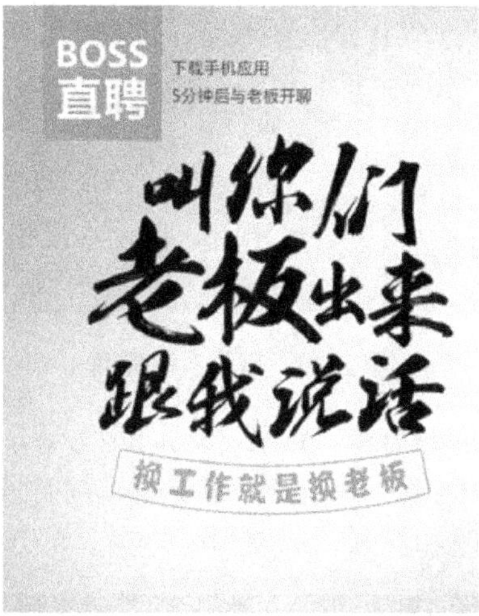

图 2-13　BOSS 直聘广告

不仅是官方营销需要创意，个人也可以利用创意营销来实现自身的曝光。比如 2015 年时某 25 岁女孩称自己要发 999 个帖子追男神，帖子一发出去就吸引了大量网友的围观，并且很多网友帮助其转发，影响甚广，直至有新闻报道此事。如图 2-14 所示是新浪新闻发布该女孩发帖故事的新闻报道。网上帖子数不胜数，这篇帖子之所以能有这么大的影响力，便是因为该女孩的网络创意营销。

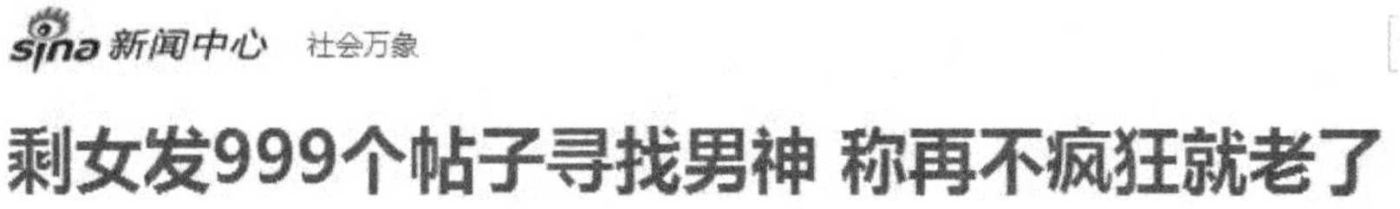

图 2-14　新浪新闻报道

二、创意的表现形式

现在创意无处不在，随着人们对创意的追求，衍生出了很多与创意相关的商业应用，比如创意产业园、创意用品等。创意的表现形式也多种多样，尤其是互联网的发展更加丰富了创意的表现形式。

（一）技术表现

网络技术更新的速度远远超过其他产业，所以在互联网技术方面的创意表现更是层出不穷。比如微信，虽然市面中已经存在很多种聊天软件，但是微信强大的搜索匹配功能可以让用户快速建立自己的圈子，使得多年未联系的朋友不用电话、短信也能很好地沟通，如图 2-15 所示为微信的欢迎界面，描述了以前与现在不同的沟通方式。

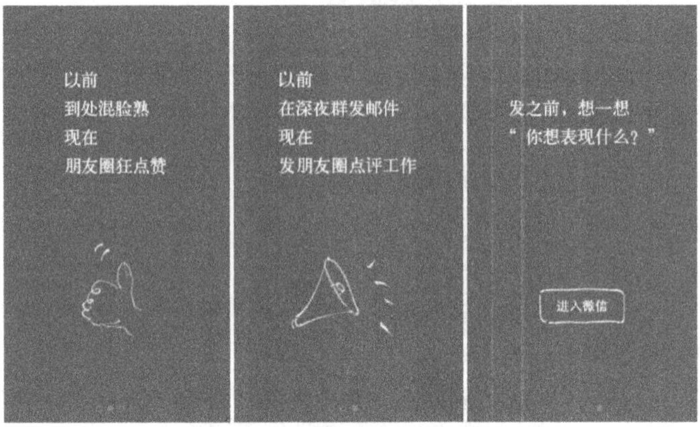

图 2-15　微信欢迎界面

微信不但创造了不一样的沟通方式，改变了人们的生活，同时微信自身也在不断地提升和完善功能，如图 2-16 所示微信版本不断升级和完善。同时通过技术的创新创意，微信的功能更加超前，使用领域更加广泛和深入，如支付、理财、红包、借贷、公益等。

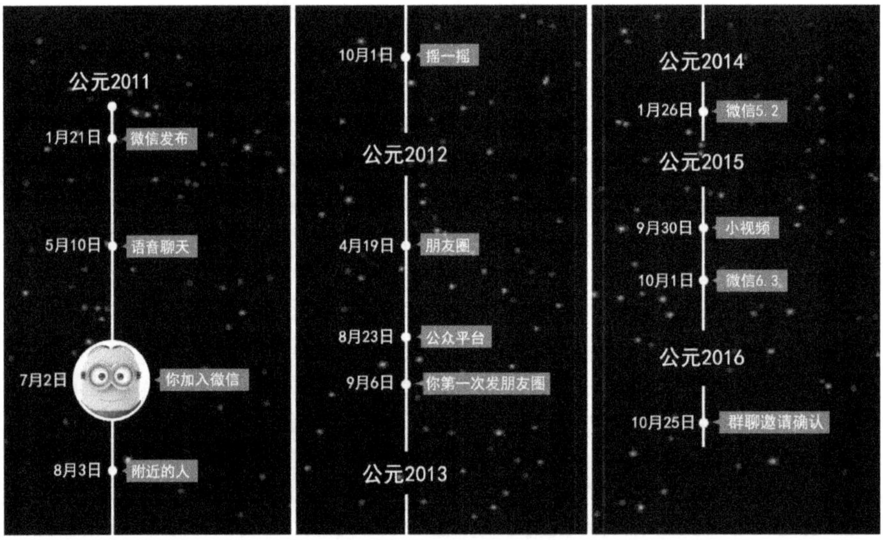

图 2-16　微信版本不断升级

（二）设计表现

设计表现很好理解，就是你所能看到的，对你有一种视觉或思维上的碰撞，能够引起你的好奇和关注的，都可以概括为创意设计。创意设计包括工业设计、建筑设计、包装设计、平面设计、服装设计、个人创意设计等多方面。

比如，在包装创意设计上，可口可乐可谓一直走在创意的巅峰，从瓶型、LOGO、色调，到平面广告、视频广告等，尤其是可口可乐推出的创意个性包装（见图 2-17），更是激发了广大消费者的好奇心。消费者拿到属于自己定制的可口可乐后一般会晒到朋友圈，这样便达到了二次宣传的效果。

图 2-17　可口可乐创意个性包装

再如，出自德国某慈善机构的创意刷卡广告，将原有单一的刷卡消费行动，或者单一购买福利彩票的行为模式进行创意改编，用户每刷一次卡，图片上被捆绑的双手就会解绑，释放自由，这个画面引发人们好奇而产生刷卡支援的慈善行为，如图 2-18 所示。同时，该广告创意切换了几个不同的场景，比如刷一次卡，相当于切了一块面包给受饥饿的贫困人群等，这样用户会因场景的不同而持续关注慈善行动。

而在网络营销当中，更多地表现为网络广告的创意设计，比如页面上的静态图片、动态图片、视频宣传片等。如图 2-19 所示，是中国移动 4G 的创意网络广告，那时 4G 刚刚兴起，谁的广告宣传做得好、覆盖面广，谁便会更快占领市场。移动公司就利用网络广告，快速宣传自己的 4G 功能及优势，引导消费者更新自己的手机卡，实现 4G 上网功能。

图 2-18　德国一慈善组织的创意刷卡设计

图 2-19　移动 4G 网络广告

在设计时，只有把创意融入设计中，才算是一件有意义的创意设计作品，尤其在丰富的互联网海洋里。

（三）文字表现

文字表现更多地体现在文案创意方面，通过文字唤起人们遐想的空间，有些文字直指人心，有些文字含沙射影，每个人都有不同的表现手法。

如图 2-20 所示是河南实验中学顾老师的辞职信，这封辞职信不同于一般的辞职信，简单的十个字表达了顾老师深切的情怀，引来网友大量转化、评论，成为当时的一大热点。

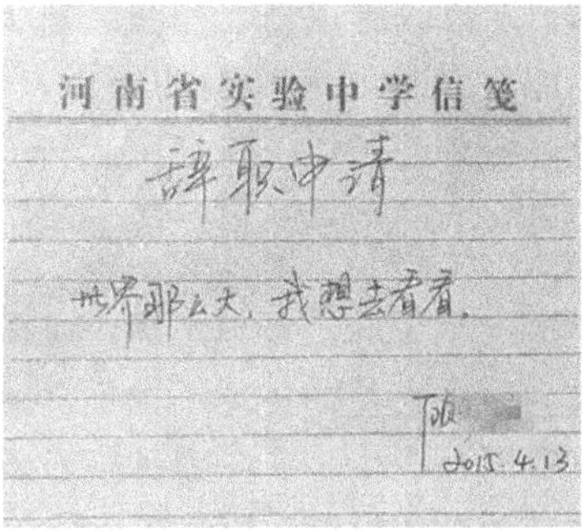
河南省实验中学信笺

辞职申请

世界那么大，我想去看看。

顾

2015.4.13

图 2-20　顾老师的辞职信

（四）理念表现

理念是一种思想，好的理念可以改变人们的价值观或对某一事物的看法，比如每个企业有自己的企业理念，进行网络营销时也需要传递一种理念。

如图 2-21 所示是本来生活网联合社会各界发起的“回家吃饭”公益性活动。“回家吃饭”理念是针对人们回家吃饭的次数越来越少的社会现状，而产生的导向理念，希望尽可能多的人能够回归家庭，享受烹饪乐趣，保障家人健康，增进亲友沟通，减少过度浪费，感悟生活本真。其广告诉求因符合人们的内心向往，从而使企业实现了其广告诉求。

图 2-21　本来生活网倡导的回家吃饭理念

三、创意来源

创意是每个营销者都渴望与追求的，但其具有不可控性，经常让人难以琢磨。如何才能激发创意潜能，是很多营销者、广告者都在探寻的问题。下面讲述几个收获创意的方法，希望可以给大家一些启发。

（一）随时捕捉创意

创意随时随地都有可能出现，也许在日常生活中或工作时，会突然冒出独特的想法或意见，此时需要及时记录下来，这有可能成为创意的雏形。

如图 2-22 所示，喝咖啡时根据咖啡的螺纹联想到飞机，记录下随时可能出现的创意，如产生平面与立体的视觉冲击创意。

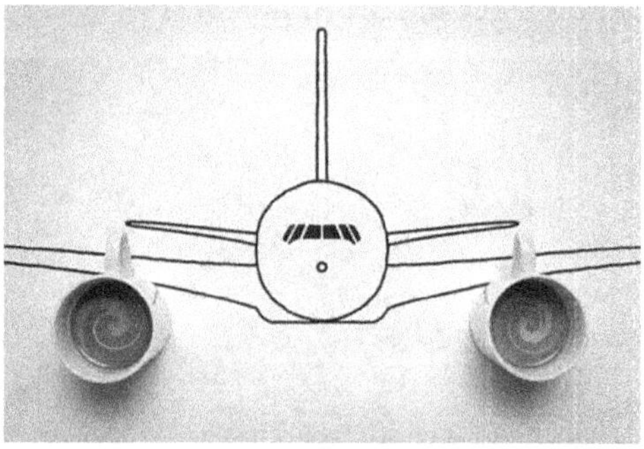
图 2-22　随时可能出现创意

（二）尝试改变既有模式

前人若不是想改变地上的生活模式，也不会有海上行舟的行为，更不会有发现美洲新大陆的壮举，所以改变也是一种创意方法。如图 2-23 所示，点蜡烛是再平常不过的事了，但是改变一下蜡烛台，蜡烛便可以二次使用。

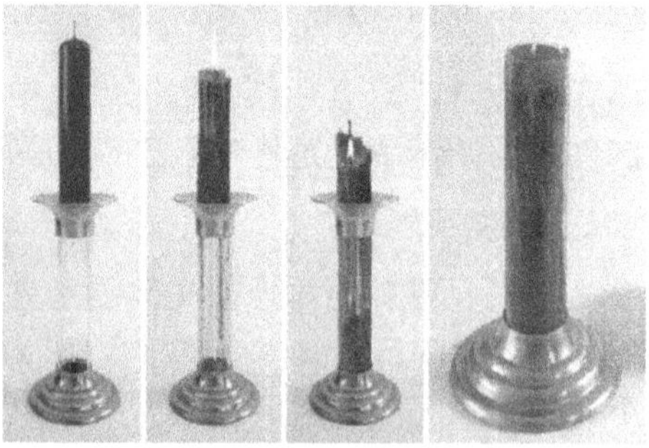
图 2-23　改变也是一种创意

（三）迎接挑战

一个皮球拍得越用力，跳得越高，两块石头互碰会产生火花，皮球不拍不会跳，石头没有撞击，火花无从产生，人在面对压力或遭遇挫折时，产生创意的动力越强。比如千古美谈诸葛孔明的“空城计”便是压力下创意成果的展现。

如图 2-24 所示，当需要进入职场，与众多应聘者竞争时，良好的第一印象可以为自己加分，所以拿出一份新颖又富有创意的简历，可以让 HR 眼前一亮。

图 2-24　求职者的创意简历

（四）大胆假设，并将设想的内容记录下来

很早以前人们就假想月亮上住着嫦娥，人可以上天，可以异地通话、传输信件，现在人们真的登上了月球，有了手机、电话、视频、语音通话等，通过互联网实现了邮件书信等，这些大胆假设成了现实。对于创意来说，也是一样，你可以假设一棵树上长出多种果子来，或者你的假设，是可以实现的创意。

如图 2-25 所示是一个日本女孩大胆假设并进行创意拍摄的照片，该系列照片一经发出便吸引了广大网友的关注，并引来个人、商业广告的模仿。

图 2-25　日本女孩的创意摄影

（五）头脑风暴

头脑风暴（Brain-storming）最早是精神病理学上的用语，指精神病患者的精神错乱状态，如今转而为无限制的自由联想和讨论。其目的在于产生新观念或激发创新设想，是团队协作、激发创意最常用的方法之一。

头脑风暴有时又称为“圆桌会议”，因为大多时候是团队人员围在一起，共同讨论并得出创意的一个会话过程，如图 2-26 所示。

图 2-26　头脑风暴有助于集思广益

模块三　网络营销策划执行方法与技巧

网络营销是一个系统的营销行为，不仅需要有好的策略、创意，还要有好的执行方法，下面主要介绍网络营销方式及执行方法、技巧。

一、网络营销活动策划与执行

活动是快速获得用户、实现营销效果的有力手段，几乎每个互联网企业都会有自己的营销活动，那么如何有效地进行线上活动呢？必须把握以下几个方面。

1．活动主题

活动主题一定要清晰明确、有吸引力。一般来说，需要突出活动的卖点，如免费参加、赠送、抽奖等。要明确地告诉客户，这个活动是关于什么的，他为什么要参加？

2．活动目的

一般来说，线上活动无非有两个方面的目的，一是增加销售量，二是提升品牌知名度。

但每次活动都应有侧重点，需要把握最主要的目的来设计整个活动的细节，才能达到活动的效果。

3．活动时间

活动时间即活动开展的时间，线上活动的时间不宜过长，活动时间过长，会影响用户的参与兴趣，一般来说不宜超过1个月。

4．活动平台

活动平台的选择至关重要，决定着活动开展的方式及最终效果。在这里，暂且把活动平台分为自有平台和大众平台。

1）自有平台：如自己的企业网站、APP。优点是形式多样，可以根据自己的需求去开发功能，也能将流量带到官网；缺点是对技术要求高（一般企业无法操作），推广费用较高。

2）大众平台：如微博、论坛、门户网站。优点是可以利用平台本身的资源进行推广，无技术方面的要求；缺点是活动的形式会受到一定限制。

5．活动形式

选择好活动平台后，要根据平台的特点、活动的目的、策划活动的形式。线上活动的形式包括秒杀、团购、有奖转发、有奖征集、网上评选、注册送券等，细数下来少说也有几十种。各种形式没有优劣之分，关键在于结合活动的目的和平台特点去选择并且创新。

6．活动详细情况

这一部分是方案能够执行的关键，要点在一个“细”，要考虑到活动执行的方方面面。可以从以下几个方面进行考虑：

1）活动流程：最好有一张活动流程图，可以用PPT、Word来做。活动流程图可以清晰地展示用户如何参加活动。线上活动的流程一定要“简单”，即“不要让用户去想”，复杂的活动流程会使用户参与的门槛变高，所以尽量让流程“傻瓜化”。

2）活动规则：活动规则中应该包含免责的部分，如用户多长时间不提供有效联系方式将视为自动放弃领奖等。而一些格式条款，建议弱化或者放到活动页面不显眼的地方，如“本次活动的最终解释权归××公司所有”。

3）奖项设置：即本次活动用户可以获得什么奖项。建议“大奖刺激，小奖不断”，可以用一个大奖作为诱饵，然后每天或一段时间出现小奖，但一定要有持续性，否则用户的参与热情会降低。

7．活动推广

一个好的线上活动策划方案除了以上提及的这些，当然也需要进行市场推广，否则很难达到预期的效果。

活动市场推广大体分为两个方面：站内推广和站外推广。站内推广比较简单，就是如何利用自有平台本身的资源进行推广，如首页的广告位、文字链之类。

站外推广要量力而行，一般来说，推广手段包括网络广告、邮件营销（如给老客户发送活动邮件）等。

案例

易到始终致力于提供随叫随到的高品质用车服务，面对竞争激烈的用车服务市场，易到连续发布了数个充值返活动（见图 2-27），且活动不断升级，不仅返现金额提高了，奖品也更丰富，并联合乐视共同参与到活动中（见图 2-28），为此活动易到设计了一系列的宣传海报（见图 2-29）。通过充值返现，用户乘专车的价格相当于打了五折，远低于其他专车甚至是出租车收费，任何一个有出行需要的人都可以成为它的客户。该活动主题非常明确，就是“充值 100% 返”，所以在进行各项宣传的时候都是围绕这个主题进行，并且在官方网站、新闻平台、微信公众号、易到 APP 等各个可以展示的地方都进行了活动宣传推广。

图 2-27　易到 APP、微博等宣传充值返活动

图 2-28　易到充值返活动详情

图 2-29　易到充值返活动海报

二、事件营销策划与执行

事件营销就是企业、个人通过借势或造势进行有效创新的策划，以实现企业产品品牌或个人的知名度、美誉度的宣传，树立良好的自身形象，最终实现销售增长。

事件营销需要符合企业品牌发展或个人未来发展整体策略，不能为了炒作而炒作，更不能夸大事件事实或造假。策划是事件营销的灵魂，新闻是事件营销的手段，网络则是事件营销的翅膀。

事件营销策划一定要让事件本身带有诸多争议性，只有存在争议才在网上引起网民充分的互动评议，并且把争议的事件向外传播出去，从而达到事半功倍的效果。在网络事件营销的过程中，凡事得留三分神秘感和底线，这样才能够在一段时间内把握和控制人们的好奇心理，一个有价值的事件营销方案就是最省钱的广告推广方案。

事件营销需要注意以下几个方面：

1．准备账号

前面说过，事件营销不是独立存在的，需要一些其他平台的辅助，而最常用的辅助手段就是论坛。所以通常在策划实施一个事件营销前，先要准备大量的论坛账号。一般都是找一个影响力大的内容源论坛，然后提前注册“马甲”，当然也可以请水军参与。

2．策划事件

在准备账号的过程中，开始策划事件，并组织成论坛帖子的形式。

3．用图文的形式发到论坛

事件策划好后，将内容发布到论坛。通常内容都是图文并茂，富有争议。

4．“马甲”炒热

利用事先准备好的“马甲”将帖子炒热。

5．转载

将内容转载到其他论坛。

6．引入媒体

如果前面几步实施得比较顺利，这个时候媒体就会主动关注，并和相关责任人取得联系进行采访报道。而通过媒体，事件将会推向一个新的高潮。当然，前提是事件本身具有新闻性，而且要符合法律法规。

三、口碑营销方法

口碑营销是指企业在品牌建立过程中，通过客户间的相互交流将自己的产品信息或者品牌传播开来。网络口碑营销是互联网兴起以后才有的一种网上商务活动，是口碑营销与网络营销的有机结合。

口碑营销可以借鉴以下五种方法：

1．借势

口碑营销的特点就是以小博大，在操作时要善于利用各种强大的“势”，可以借助自然规律、政策法规、突发事件，甚至是借助竞争对手的势能。

2．利益

口碑营销必须将传播的内容以利益为纽带，与目标受众直接或间接地联系起来。

3．新颖

口碑营销又称病毒式营销，其核心内容就是能“感染”目标受众，受众被感染的程度将直接影响口碑传播的效果。尤其在这个信息爆炸、媒体泛滥的时代，消费者对广告、新闻都具有极强的免疫能力，只有制造新颖的口碑内容才能吸引大众的关注与议论。

4．争议

具有争议性的话题很容易引起广泛的传播，但争议往往又都带有一些负面的内容，企业在口碑传播时要把握好争议的尺度，最好使争议在两个正面的意见中发展。

5．私密

世界上很多传播广泛的事件曾经都是秘密，这是因为我们每个人都有探听私密的兴趣，越是私密的事物，越是能激发我们探知与议论的兴趣。

案例

1989年诞生于德国的梦龙，被其母公司联合利华定位为中高端品牌，在中国“轻奢”的标签也始终围绕着梦龙。2016年7月9号至8月7号梦龙在北京三里屯太古里北区红馆举办线下活动，此前在其他地区也经常开展类似的活动，活动累计排队超过20万人次。梦龙借助这样的活动将口碑宣传深入人心，赚足了消费者的胃口和眼球，其定制冰淇淋更是引起消费者火热晒单和疯传（见图2-30、图2-31），以至在网络上也传播着各种关于梦龙冰淇淋的好评（见图2-32）。

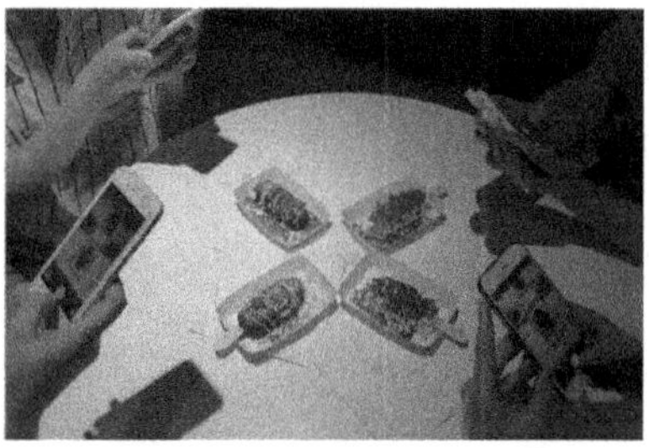

图2-30 消费者纷纷拍照晒自制的梦龙冰淇淋

图2-31 消费者晒梦龙冰淇淋

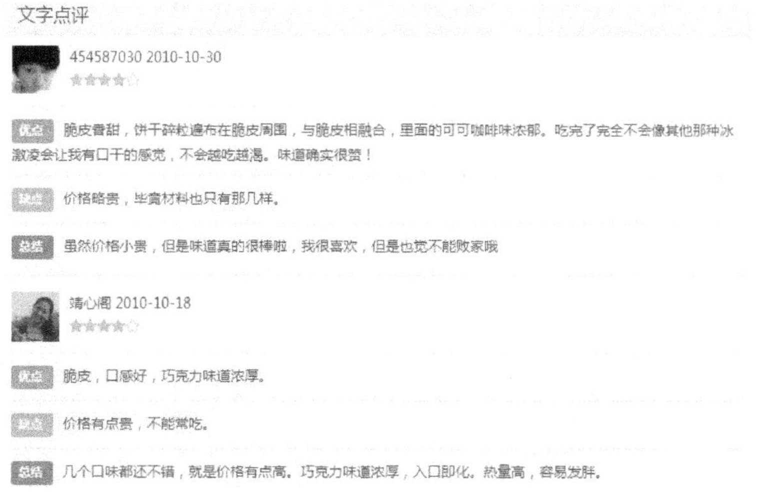

文字点评

454587030 2010-10-30

优点 脆皮香甜，饼干碎粒遍布在脆皮周围，与脆皮相融合，里面的可可咖啡味浓郁。吃完了完全不会像其他那种冰激凌会让我有口干的感觉，不会越吃越渴。味道确实很赞！

缺点 价格略贵，毕竟材料也只有那几样。

总结 虽然价格小贵，但是味道真的很棒啦，我很喜欢，但是也觉不能败家哦

婧心阁 2010-10-18

优点 脆皮，口感好，巧克力味道浓厚。

缺点 价格有点贵，不能常吃。

总结 几个口味都还不错，就是价格有点高。巧克力味道浓厚，入口即化。热量高，容易发胖。

图2-32 有关梦龙冰淇淋的用户评价

梦龙冰淇淋的价格一直居高不下，但是还是吸引了很多消费者购买，除了产品品质外，梦龙更树立了良好口碑形象，吃过的用户可以晒单，没吃过的用户更想尝试。并且，其轻奢的定价、精美的制作工艺也满足了消费者的品质需求，如果是其他冰淇淋，消费者或许就不会有这样的热情在朋友圈晒了。

四、饥饿营销技巧

饥饿营销运用于商品或服务的商业推广，是指商品提供者有意调低产量，以期达到调控供求关系、制造供不应求的“假象”，以维护产品形象并维持商品较高售价和利润率的营销策略。

1．饥饿营销原理

饥饿营销就是通过调节供求两端的量来影响终端的售价，以达到加价的目的。表面上，饥饿营销的操作很简单，首先定个惊喜价，把潜在消费者吸引过来，然后限制供货量，造成供不应求的热销假象，之后再提高售价，赚取更高的利润。

2．饥饿营销最终目的

饥饿营销的最终目的不仅仅是为了调高价格，更是为了使品牌产生高额的附加价值，从而为品牌树立起高价值的形象。

3．饥饿营销运作技巧

（1）心理共鸣　产品再好，也需要有消费者的认可与接受，拥有足够大的市场潜力，饥饿营销才会拥有施展的空间。以产品的功能性、品牌性、情感关系等来打造符合区域市场的心理，与消费者达成心理上的共鸣，是饥饿营销运作的根本。

（2）量力而行　商家需根据自身的产品特性、行销能力等量力而行，任何盲目的、自我膨胀的经济行为都注定会以失败而告终。同时鉴于市场的不稳定性，商家更应该审时度势。

（3）宣传造势　欲望激发与引导是饥饿营销的一条主线，因此，宣传造势是必不可少的。尤其是新品上市时，前期可软硬兼施，电视、电台、报纸、杂志等媒体宣传报道，明星代言、专业测评等权威指导，宣传手段各有千秋。商家需要根据自身特点，选择适合自己的宣传方式。

（4）销售到位　在产品品牌有一定认知度、知名度、美誉度的情况下，商家必须做到销售到位，否则吊住了胃口，而产品迟迟没上，会招致消费者的反感，再次做此类营销时用户会抵触。

案例

近几年，苹果公司是饥饿营销做得最成功的企业之一，每一款产品上市之前都做了大量的曝光、产品的宣传，以及价格公示。2016 年的苹果 7 同样采用饥饿营销，如图 2-33 所示苹果（中国）官网对 iPhone7 产品的宣传，如图 2-34 所示用户对 iPhone7 的测评报道，如图 2-35 所示苹果发布会 iPhone7 预订的新闻报道，可谓全方位立体化宣传新品，通过多种渠道把苹果推到一定的高度，让用户心甘情愿地等待购买，其产品借助饥饿营销成功塑造了品牌及产品的形象，成为时下手机行业的领跑者。

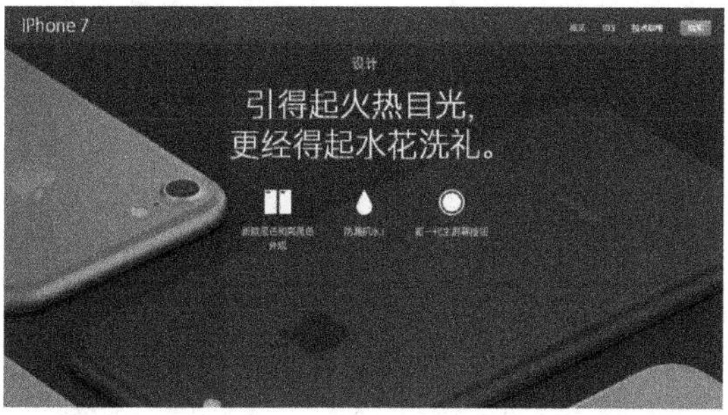

图 2-33　苹果官网对 iPhone7 系列的宣传

图 2-34　iPhone7 评测报道

2016苹果发布会 iPhone7发布 亮黑色苹果7预订时间确定

2016.09.08 08:30:41　来源:中关村在线　作者:中关村在线　（0 条评论）

2016苹果发布会 iPhone7发布 亮黑色苹果7预订时间确定 在今日凌晨结束的苹果秋季新品发布会上，iPhone 7/7 Plus正式登场。全系列取消了3.5mm耳机接口支持IP67级别防水防尘，提供了顶部+底部立体声扬声器的功能。目前国内苹果官网已经更新，将于9月9日下午3:01起开始预购，iPhone7起售价格为5388元，iPhone7 Plus起售价格为6388元。

图 2-35　iPhone7 提前预订报道

模块四　网络舆情处理

舆情是指民众围绕某个社会事件而发表的自由言论，是一种信念、态度、意见和情绪等表现的总和。网络舆情是在舆情的基础上进行网络传播，成为网络民众心声的反映。

一、网络舆情的影响

网络舆情是以网络为载体，以事件为核心，结合广大网民情感、态度、意见、观点的表达，通过网络进行传播与互动，并对事件产生某种影响。网络舆情具有主观性，不经媒体验证和包装，便可直接通过多种形式发布于互联网上。

案例

2015 年国庆假期期间，有网友爆料在青岛旅游时被迫接受“天价大虾”（见图 2-36），经过网络传播，迅速引起广大民众的强烈议论，舆论反映强烈，引起当地工商局等多个部门参与事件处理，该店铺也因为社会舆论压力而最终闭店，如图 2-37 所示。

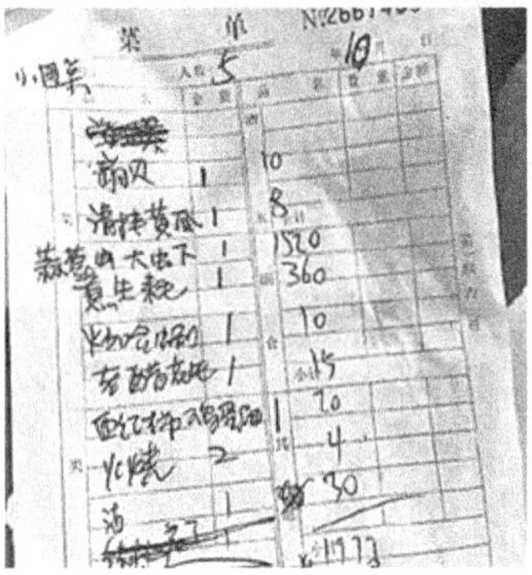

图 2-36　青岛“天价大虾”账单

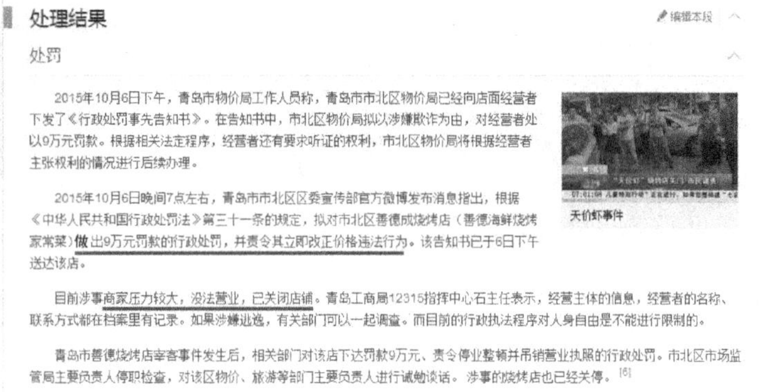

处理结果

处罚

2015年10月6日下午，青岛市物价局工作人员称，青岛市市北区物价局已经向店面经营者下发了《行政处罚事先告知书》。在告知书中，市北区物价局拟以涉嫌欺诈为由，对经营者处以9万元罚款。根据相关法定程序，经营者还有要求听证的权利，市北区物价局将根据经营者主张权利的情况进行后续办理。

2015年10月6日晚间7点左右，青岛市市北区区委宣传部官方微博发布消息指出，根据《中华人民共和国行政处罚法》第三十一条的规定，拟对市北区善德成烧烤店（善德海鲜烧烤家常菜）做出9万元罚款的行政处罚，并责令其立即改正价格违法行为。该告知书已于6日下午送达该店。

天价虾事件

目前涉事商家压力较大，没法营业，已关闭店铺。青岛工商局12315指挥中心石主任表示，经营主体的信息，经营者的名称、联系方式都在档案里有记录。如果涉嫌逃逸，有关部门可以一起调查。而目前的行政执法程序对人身自由是不能进行限制的。

青岛市善德烧烤店宰客事件发生后，相关部门对该店下达罚款9万元、责令停业整顿并吊销营业执照的行政处罚。市北区市场监管局主要负责人停职检查，对该区物价、旅游等部门主要负责人进行诫勉谈话。涉事的烧烤店也已经关停。[6]

图 2-37　“天价大虾”处理结果

二、网络舆情的六大要素

“天价大虾”的事件之所以能够引起如此强烈的社会反映，正因为其包含了网络舆情传播的六大要素：

1．网络

网络舆情是建立在网络上的，所以具备丰富性、多元性等特征，如图 2-38 所示。或许这样的事情早有发生，但是在过去没有进行网络传播，而该“天价大虾”的消费者将事件发布到网络上，通过网络舆论、新闻媒体来曝光此事，才形成这样的舆论气势。

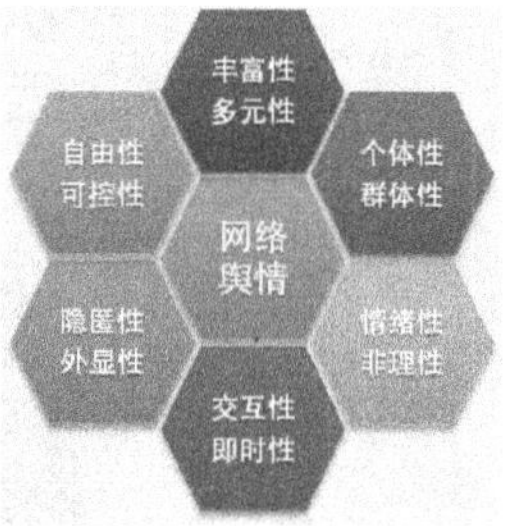

图 2-38　网络舆情的特征

2．事件

事件本身需要有议论点，就如“天价大虾”事件，其包含的旅游、餐饮、消费等因素都是关乎民生的事情，所以会引起网友热议。

3．网民

只有网络用户基数足够多，参与讨论的人数足够多，才能将事件推往舆论的风口。

4．情感

受到不公平的待遇是此次事件主要的情感反应，网友在为该消费者打抱不平的同时，也会联想到自己是否受到过同类待遇。

5．传播互动

网络最大的优势就是传播互动性强，此次事件被大量的网络用户通过微博、微信等网络平台转发、评论，使得事件影响范围越来越大，以至成为当时的头条热点。

6．影响力

该事件直接上升到政府部门的行为层面，群众对事件的处理都非常关注，足见其影响力。

三、网络舆情的处理方法

网络舆情处理是指对于网络事件引发的舆论危机，通过利用一些舆情监测手段、网络营销技巧等对舆情做出的反应和处理的过程。

针对不同的网络舆情，有不同的处理方法，大致可总结为以下几点：

1．尽量在第一时间发布新闻，赢得话语权

先入为主，掌握主导权是目前舆论处理较正面的解决方法，将事件信息公开透明地阐述、通过网络用户良性的沟通，促进网络民间力量偏向积极的一面发展。

2．在网络舆情中勇于“抢旗帜”

出现舆论事实时不要一味解释或者掩盖，那样只会让网民更加情绪化，相反，勇于承认错误并承担责任，会缓解民众情绪，与此同时发布“整改令”，解除民众的戒备心，用户才会重新接受你。

3．发挥主场优势

当舆论还处在言论期时，舆论当事人站出来发声，会取得良好的主场优势，尤其是利用官方发布会的形式，借助新闻媒体的传播力量，可以有效控制舆论导向。

4．不闻不理，任其沉默

网络舆情的周期一般在 7 天左右，如果该舆情并不能引起强烈的反响，对舆论当事人没有特别的影响，可以采取沉默的方式处理，时间久了，舆论自然就消退了。

案例

庆丰包子铺“蟑螂事件”的危机公关处理

2015 年 9 月 15 日，有微博网友爆料称在庆丰包子铺顺义国泰店用餐时吃出蟑螂，一个月之后的 10 月 16 日，又有网友爆料在庆丰包子铺大慧寺店的醋里吃出多条腻虫。事件曝光后，庆丰包子铺官方微博就上述两家连锁店铺涉食品卫生问题一事迅速发布回应，如图 2-39 所示。回应称，经庆丰包子铺总部调查核实，这两家店铺均存在违反食品卫生规定的问题，并对涉事店铺采取停业整顿的举措。此外，庆丰包子铺官方微博还表示，从 10 月 18 日起北京庆丰包子铺还将对全部连锁店铺进行长达三个月的食品安全专项检查行动，并由 CCIC 和北京庆丰包子铺营运督导中心逐一进行复查。通过一系列的舆情处理，庆丰包子铺凭借诚恳的态度赢得了顾客的重新认可，并成功渡过了此次危机。

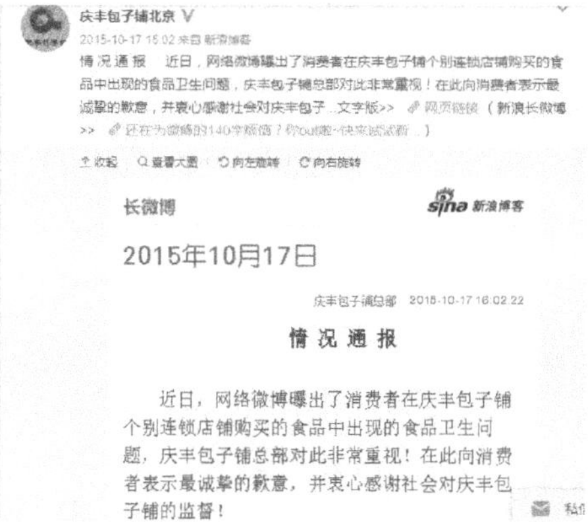

图 2-39　庆丰包子铺官方微博回应

第三单元

UNIT 3

搜索引擎推广

搜索引擎推广是指通过搜索引擎优化（SEO）、搜索引擎竞价排名（PPC），以及搜索引擎收录量等方式，提升网站在搜索结果页面的排名，是一种常用的网络营销手段。网站在搜索引擎中的排名位置会直接影响该网站的营销效果或广告效果，因为当客户在搜索引擎中查找相关产品或者服务的时候，通常会优先点击排名靠前的网站。本章主要学习如何提高网站在搜索引擎中的排名。

学习目标

1. 了解搜索引擎优化及影响搜索引擎排名的因素。
2. 掌握搜索引擎优化的主要方法。
3. 掌握 PPC 竞价排名优化的技巧。
4. 掌握提交到搜索引擎收录的方法。

模块一 搜索引擎优化（SEO）推广

一、搜索引擎优化概述

搜索引擎优化（Search Engine Optimization，SEO）是一种利用搜索引擎的搜索规则来提高网站排名的营销手段。目前比较常用的搜索引擎有百度搜索（见图 3-1）、360 搜索（见图 3-2）、搜狗搜索等。

图 3-1　百度搜索窗口

图 3-2　360 导航、360 搜索窗口

当然，搜索引擎除了上述专业的搜索网站，还有大型门户站内搜索，如淘宝（见图 3-3）、天猫、京东等平台，这些站内搜索优化也非常关键，将直接影响产品站内排名及销量。

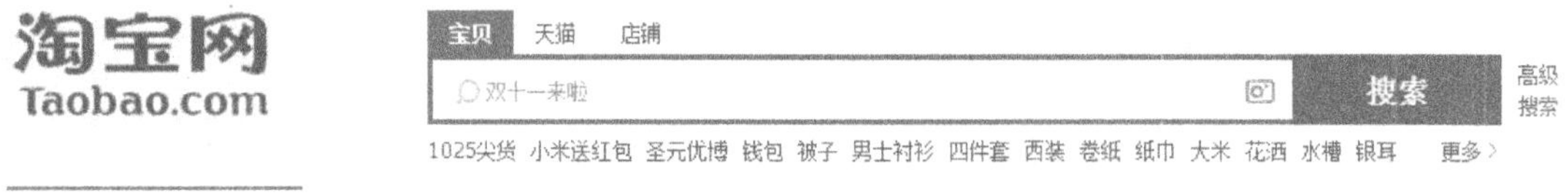

图 3-3　淘宝站内搜索窗口

对于网站拥有者，只有提高网站在搜索引擎中的排名，才能有效提高网站访问量，最终实现销售目的或宣传效果。

二、影响搜索引擎排名的主要因素

想要提升网站排名，首先需要了解影响搜索排名的因素，只有这样才能有针对性地解决问题，提升排名。

（一）域名对搜索引擎的影响

如图 3-4 所示，是站点本身在浏览器中显示的域名地址，当用户在浏览器的地址栏输入该域名时可直接打开对应的网站，此时无须搜索。如图 3-5 所示，是该网站在搜索引擎中推广展示的效果，同样也出现了域名，用户可以通过查看该域名分辨搜索到的信息是否是官方网站或想要查找的信息，可见域名对搜索引擎优化推广有重要影响，所以需要有一个简单、好记、易识别的域名。

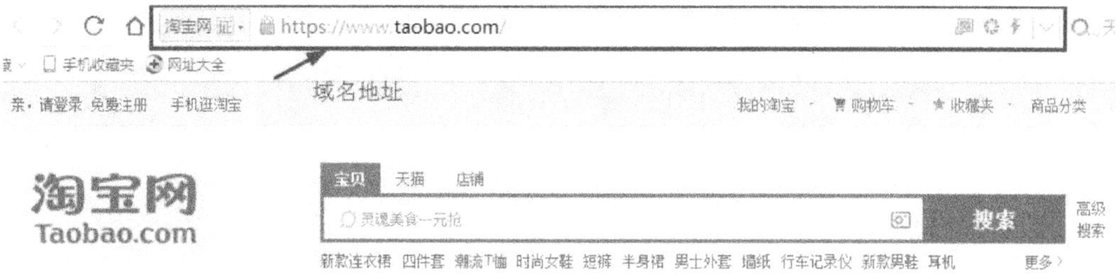

图 3-4　浏览器中显示的域名地址

图 3-5　搜索引擎中显示的域名地址

因为域名具有唯一性，所以别人已经注册的域名就无法再注册，而随着互联网的发展，很多域名都已经被注册了，那么注册域名前就需要进行域名查询，如图 3-6 所示为阿里云万网域名查询网站，可以在这里先查询域名是否被注册，未被注册的域名才能注册，否则只能通过域名交易来找回想要的域名。

从搜索引擎优化的角度来说，域名的长短、域名的类型、域名的拼写对优化并无直接影响，只是，一个好的域名，是网站推广的第一步。因为推广的最终效果是产生销售或提升品牌宣传，好的域名容易被用户记住，也容易在推广过程中展示，而复杂难记的域名不利于推广及展示。那么，取域名有什么技巧呢？

图 3-6　阿里云万网域名查询

（1）短域名　短域名更容易被人记住，如京东的域名：jd.com（见图 3-7）；唯品会的域名：vip.com，都非常简单、好记，即使不用搜索也能直接在地址栏输入域名而进入网站。

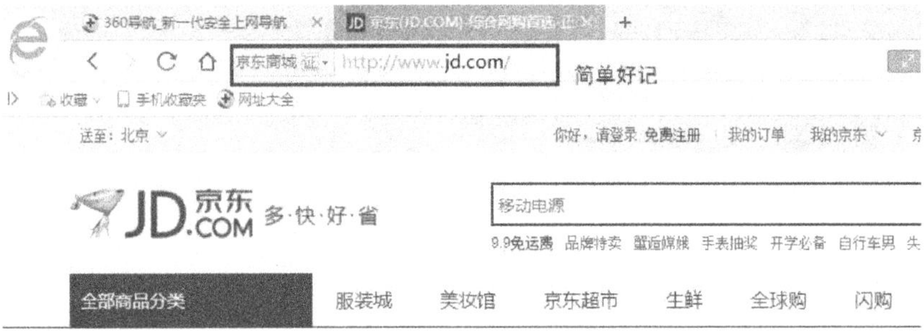

图 3-7　京东域名简单好记

（2）拼音域名　如淘宝的域名：taobao.com；苏宁易购的域名：suning.com，如图 3-8 所示。该类型的域名符合中国用户输入习惯，拼音域名是网站域名的首选，也是现在企业选域名时的首选。

图 3-8　苏宁拼音域名符合用户输入习惯

（3）中文域名　中文域名在搜索引擎排名上有优势，但是目前的浏览器不支持中文域名，所以综合考虑，英文域名还是首选。

（4）数字域名　数字域名不但输入方便，而且贴切好记，推广时非常有优势，但是现在大部分数字域名都被注册了，取个数字域名就不那么容易了。如阿里巴巴批发的域名：1688.com（见图 3-9）；28 商机网的域名：28.com。

图 3-9　阿里巴巴数字域名

（二）空间对搜索引擎的影响

这里的空间指的是用来存储网站内容的虚拟空间。网站的空间在搜索引擎中也有着非常重要的影响。

（1）空间的位置　即机房（服务器存储的地方）所在位置，如图 3-10 所示的机房图，机房的位置决定空间的位置。在国内，网站想要上线必须经过网站备案，备案大概需要 15～30 天，很多企业为了规避备案或者尽快上线，便会选用中国香港地区或国外的虚拟空间，但其实这是不利于网站优化排名的，并且很容易被搜索引擎认为是恶意网站而屏蔽掉。

图 3-10　机房图

（2）空间的速度　这个主要体现在用户浏览过程中打开页面的速度，如果用户打开一个网站很久都没有响应，不是本地网速的问题，就说明该网站空间访问速度慢，如果是这样，网站排名之前优化上去了，后期也很容易降下来。

（3）空间的稳定性　如果上网时上着上着掉线了，不是网络断了，那么一定是空间的稳定性不够好，或者同时出现被攻击、网站信息读取错误等情况，也是因为网站空间安全稳定性不够好，这样的网站同样不受搜索引擎的青睐。

所以，域名和空间不仅是网站建设的基础保障，也是网站优化排名的关键要素，选择好的域名和空间是推广的第一步。

（三）网站名称对搜索引擎的影响

（1）影响搜索结果　同样的名称、相似的名称或者名称有重合文字的网站很多，比如叫“高等职业技术学校”的网站很多，如果进行模糊查找，包含该关键词的网站都会出现，给查找者带来不便（见图 3-11）。那么，就需要将网站名字设置得更精确，这样，用户搜索的时候会从结果中筛选，并且进行精确查找时能快速找到想要的内容，如图 3-12 所示。

（2）影响搜索展示效果　另外，设置网站名称的字数也是有技巧的，取较长的名字尤其是重复关键词太多时，会被搜索引擎认为该网站在作弊，不但排名不会上升，反而会被搜索引擎排斥，那么网站名称的字数到底设置多少合适呢？我们先来看看图 3-13。

图 3-11　百度搜索“高等职业技术学校”的部分结果

图 3-12　百度搜索“南京高等职业技术学校”的部分结果

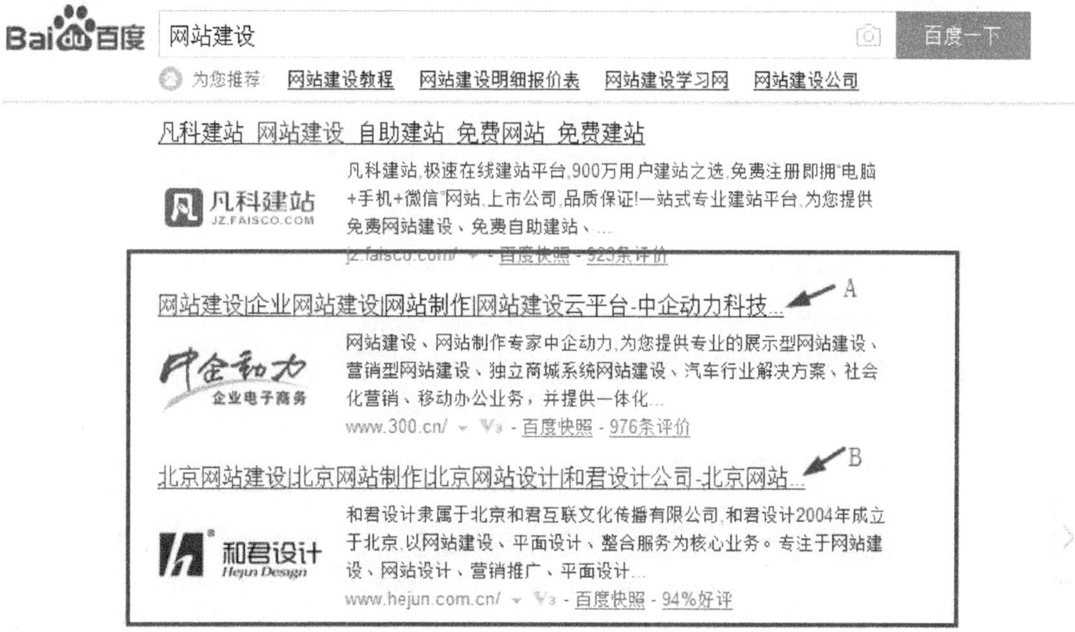

图 3-13　百度搜索“网站建设”的部分结果

上图中 A 和 B 处的位置都显示了省略号，也就是说搜索引擎能显示的最多字数就是省略号前面的 27 个中文字，以及部分字符，按照字符标准就是 60 个左右（1 个汉字=2 个字符），所以网站标题最好在 30 个汉字（60 个字符）内，最多不要超过 40 个汉字（80 个字符）。

除了上述网站域名、空间、名称，影响网站在搜索引擎中排名的因素还有很多，比如网站包含的关键词、网站的建设结构、网站的页面形式（如静态、动态、Flash 网站等）、网站的更新频率、网站的浏览量等。所以，每一个网站细节都会对排名有影响，这就需要网站建设者和运营者随时对网站进行维护。

如图 3-14 所示是某企业 Flash 网站，Flash 网站视觉效果好，动感强烈，但是由于文件大，不仅加载慢，也不利于优化，所以一般奢侈品或知名品牌的企业使用该类型网站的概率更高。

图 3-14 某 Flash 网站

三、搜索引擎优化方法

搜索引擎优化方法又分为站内搜索引擎优化和站外搜索引擎优化。站内搜索引擎优化方法包括网站结构的设计、网站代码优化、网站内部链接优化、网站内容的优化、网站用户体验优化等，是对网站自身的优化。站外搜索引擎优化包括网站外部链接优化、网站的链接建设、网站的外部数据分析等。下面我们重点介绍站内搜索引擎优化技巧。

（一）网站标题优化

可以说，在所有优化技巧中，最重要的就是网站标题的优化了，网站标题将直接影响搜索引擎排名及结果页面展示。

1．网站标题在搜索引擎中的展示

图 3-15 所示为搜索“九块邮”显示的部分结果，其中箭头所指部分为网站标题。九块邮是卷皮网之前的网站名称，因为重合度高，同时为了建立企业品牌形象，将“九块邮”更名为“卷皮”，但是前期经过多年的积累，用户认可并习惯输入“九块邮”来查找。因此，很多相似功能的网站在取名时会使用“九块邮”字样，以增加自身网站的检索量，提升网站排名及浏览量，这就是借助知名关键词作为标题为网站引流的优化方法。

图 3-15 百度搜索“九块邮”的部分结果

2. 网站标题在浏览器中的展示

如果网站标题较长，在很多的浏览器中不能全部展示出来（见图 3-16），尤其是将关键词放前面，企业或品牌名称放后面时，用户浏览时便不容易记住和区分网站。当然，可以将鼠标放在浏览器标题位置，然后会弹出网站全部的网站标题（见图 3-17），但是只要鼠标移开，标题便又不能全部显示了。

图 3-16 网站标题在浏览器中显示

图 3-17　鼠标放在标题位置，显示全部标题

3. 如何复制完整的网站标题

如图 3-17 所示，虽然显示了全部标题文字，但是只要鼠标移开名称显示就不全了，无法复制下来，那不妨按照下列方式来查看。

1）鼠标放在页面任一位置，单击右键，在弹出窗口单击“查看源代码”，如图 3-18 所示。

2）单击“查看源代码”后，弹出一个代码页面，其中<title></title>部分显示的就是网站标题了（见图 3-19），此时就可以查看到该网站标题中全部的关键词了，并且可以随意复制。

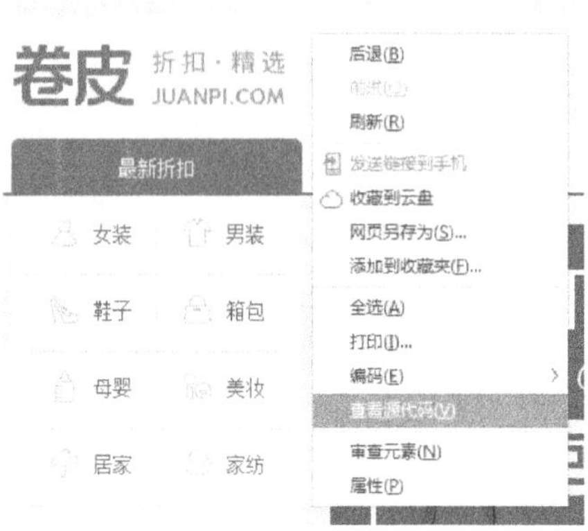

图 3-18　单击鼠标右键，选择“查看源代码”

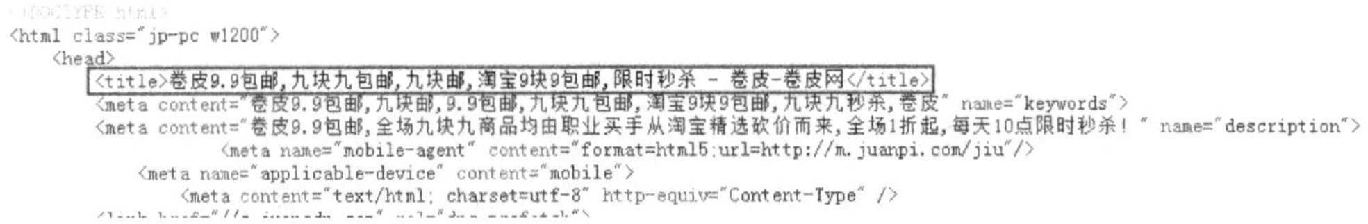

```
<html class="jp-pc w1200">
    <head>
        <title>卷皮9.9包邮,九块九包邮,九块邮,淘宝9块9包邮,限时秒杀 - 卷皮-卷皮网</title>
        <meta content="卷皮9.9包邮,九块邮,9.9包邮,九块九包邮,淘宝9块9包邮,九块九秒杀,卷皮" name="keywords">
        <meta content="卷皮9.9包邮,全场九块九商品均由职业买手从淘宝精选砍价而来,全场1折起,每天10点限时秒杀！" name="description">
                <meta name="mobile-agent" content="format=html5;url=http://m.juanpi.com/jiu"/>
          <meta name="applicable-device" content="mobile">
              <meta content="text/html; charset=utf-8" http-equiv="Content-Type" />
```

图 3-19　部分网站源代码

4. 优化网站标题

了解竞争对手的网站标题后，就可以清楚地选取它们的关键词，比如卷皮网的关键词：卷皮、9.9 包邮、九块九包邮、九块邮、淘宝 9 块 9 包邮、限时秒杀，其中除“卷皮”是他的品牌名称，其他网站不能使用外，“9.9 包邮、九块九包邮、九块邮、淘宝 9 块 9 包邮、限时秒杀”均是可以借鉴使用的，

比如“折 800”的网站也包含“9 块 9 包邮”的业务模块（见图 3-20），所以其标题也使用了该关键词，同时还使用了“9.9 包邮”“九块九包邮”等相近的关键词（见图 3-21），利用这些关键词的优势，折 800 网站在搜索引擎中的排名也很靠前，如图 3-22 所示。

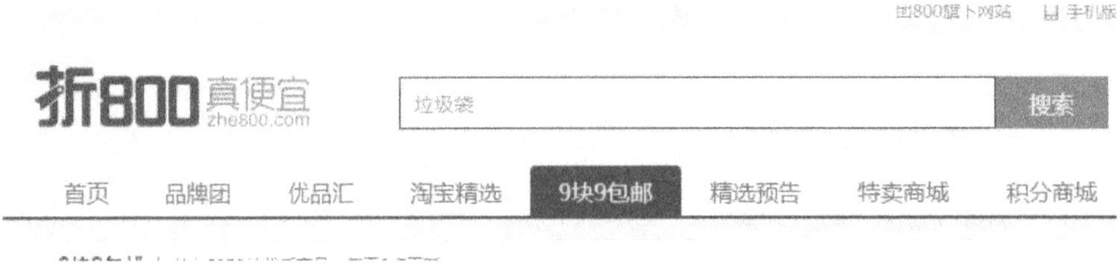

图 3-20　折 800 网站

```
<html>
    <head>
        <meta http-equiv="Content-Type" content="text/html; charset=utf-8"/>
      <meta property="qc:admins" content="210003765762050006375" />
      <title>9.9包邮,九块九包邮网,9块9包邮,全场9.9元全国包邮 - 折800官网</title>
      <meta name="keywords" content="9.9包邮,九块九包邮,9块9包邮,九块九包邮网,9.9元全国
      <meta name="description" content="折800官网9块9包邮专区，天天有全场9.9包邮、9.9元
天有】"/>
      <meta name="renderer" content="webkit">
```

图 3-21　折 800 网站标题

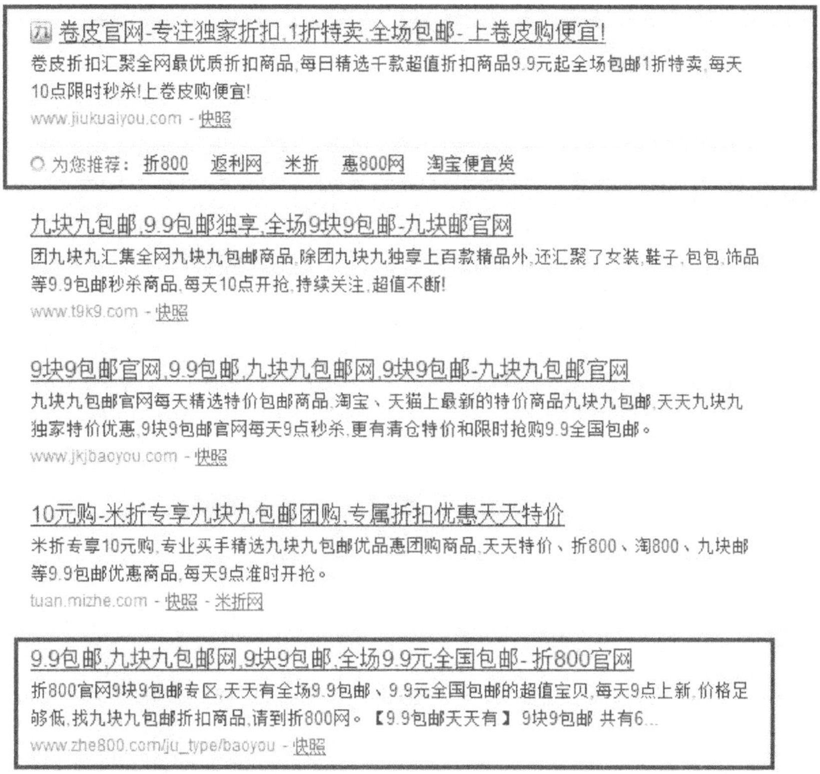

图 3-22　360 搜索“九块九包邮”卷皮与折 800 的自然排名效果

所以，我们在制作网站或优化网站的时候，除了自身的企业或品牌名称，还应当加入一些与业务相关的关键词，如果不知道使用哪些关键词，就可以按照上述方法，参考同行业网站的标题，来设置标题关键词。

（二）网站检索关键词优化

网站检索关键词是不会显示在搜索引擎结果页面中的，同样，在网站中也不会显示。它不显示，不代表没有价值，相反，它在网站优化中非常重要，因为它能帮助搜索引擎网站收录或检索到你的网站。

同样按照上述“查看源代码”的方法，我们可以看到网站检索关键词，如图 3-23 所示为折 800 网站的检索关键词。

```
<html>
        <head>
                <meta http-equiv="Content-Type" content="text/html; charset=utf-8"/>
            <meta property="qc:admins" content="2100037657620500006375" />
            <title>9.9包邮,九块九包邮网,9块9包邮,全场9.9元全国包邮 - 折800官网</title>
            <meta name="keywords" content="9.9包邮,九块九包邮,9块9包邮,九块九包邮网,9.9元全国包邮,九块九包邮官网,9.9包邮网,9块9包邮官网,9.9元包邮,全场9.9包邮"/>
            <meta name="description" content="折800官网9块9包邮专区，天天有全场9.9包邮、9.9元全国包邮的超值宝贝，每天9点上新，价格足够低，找九块九包邮折扣商品，请到折800网。【9.9包邮 天天有】"/>
            <meta name="renderer" content="webkit">
```

图 3-23　折 800 网站检索关键词

从图 3-23 中可以看出，网站检索关键词的字数比标题要长很多。这是因为检索关键词在网站中不显示，所以字数也没有限制，但并不代表可以任意选取关键词。

设置检索关键词一定要注意以下几点：

1）设置 1～2 个重要的核心关键字。

2）设置 3～5 个相关关键词。

3）避免冗余关键词，就是最好不要设置没有搜索价值的关键词。

4）避免过长的关键词，比如“在哪里买 9 块 9 全场包邮的折扣商品”。

5）尽量不要使用繁体字或生僻复杂的文字，比如“玖块玖包邮”。

（三）网站说明优化

网站说明类似于网站介绍，是对网站功能做个简要概述，如图 3-24 所示，标题下面显示的内容就是网站说明。

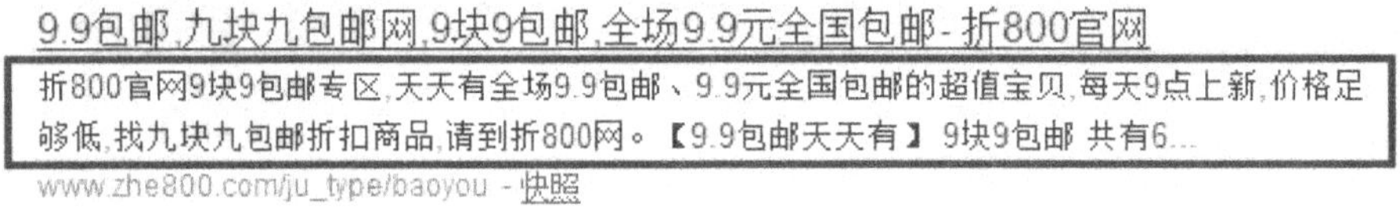

图 3-24　搜索“九块九包邮”折 800 网站说明展示

用户可以按照“查看源代码”的方法，查看折 800 网站的说明内容，如图 3-25 所示，可以看出此处网站说明文字比关键词的字数还要多，所以网站说明也是没有规定字数要求的，但是按照搜索引擎的显示标准（见图 3-24），建议设置在 120 个汉字（240 个字符）以内，最佳设置为 40～80 个汉字（80～160 个字符）。并且网站说明部分最好包含重要信息，如核心关键词、优惠活动、最新事件、品牌实力、联系电话等，将重点内容展示出来有利于网站的点击与推广。如图 3-26 所示，该网站说明包含业务优势及联系电话等。

```
<html>
        <head>
                <meta http-equiv="Content-Type" content="text/html; charset=utf-8"/>
            <meta property="qc:admins" content="2100037657620500006375" />
            <title>9.9包邮,九块九包邮网,9块9包邮,全场9.9元全国包邮 - 折800官网</title>
            <meta name="keywords" content="9.9包邮,九块九包邮,9块9包邮,九块九包邮网,9.9元全国包邮,九块九包邮官网,9.9包邮网,9块9包邮官网,9.9元包邮,全场9.9包邮"/>
            <meta name="description" content="折800官网9块9包邮专区，天天有全场9.9包邮、9.9元全国包邮的超值宝贝，每天9点上新，价格足够低，找九块九包邮折扣商品，请到折800网。【9.9包邮 天天有】"/>
            <meta name="renderer" content="webkit">
```

图 3-25　折 800 网站说明

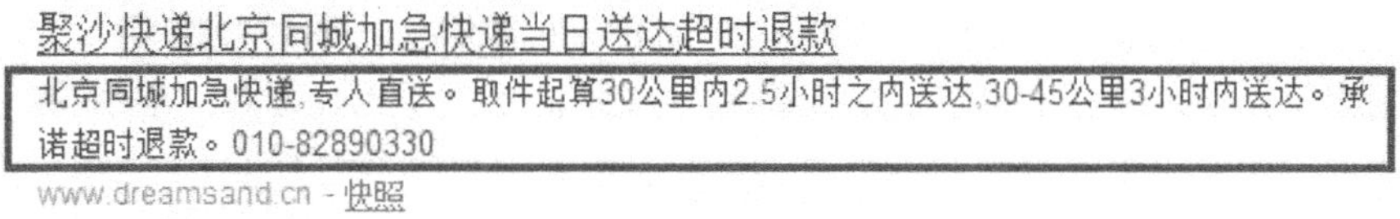

图 3-26　某网站说明在搜索引擎中的展示

（四）网站页面优化

网站页面优化，是对网页的内容、程序、版块、布局等多方面进行优化调整，主要包含网页文本优化，即网页上显示的文本文字优化；图片优化，即网页上显示的图片优化，图片大小、图片名称将直接影响优化效果；对象优化，即 Flash、插件视频等的优化；脚本优化，主要是指 js 文件优化；网页样式优化，样式是控制网页显示效果的。进行页面优化后的网站更容易被搜索引擎收录，同时会提升网站的相关关键词排名，提高用户体验和转化率进而创造价值。

下面主要从网站内容、文本关键词、网站图片等几个方面来讲述网站的页面优化。

1．网站内容优化

提供高质量的、对用户有益的内容是网站最基本是最重要的一部分，优质原创的内容会提升网站在搜索引擎中的排名和在用户心中的地位。这一点在新闻类网站中最为常见，这也是为什么各大新闻网站都希望抢先第一步报道事件。如图 3-27 所示为今日头条官网，今日头条凭借第一时间新闻报道优势快速成为知名媒体。

图 3-27　今日头条

那么网页内容如何撰写才能更容易被搜索引擎收录呢？需要注意以下几点：

（1）以合理的频率更新内容　网站更新要有频率，如果第一天发十几条内容，第二天或后面不再更新，那么搜索引擎会判断这是一个不规范的网站，尽量不推荐给用户。

如图 3-28 所示，搜索“G20 峰会”出现很多内容，其中“最新消息”是各大新闻网站最新报道的消息，但是如果一个新闻网站同时发布多条同类信息，也只会推荐一条，如果发现有恶意提升排名行为的内容，搜索引擎会排除该网站内容而不再展示。

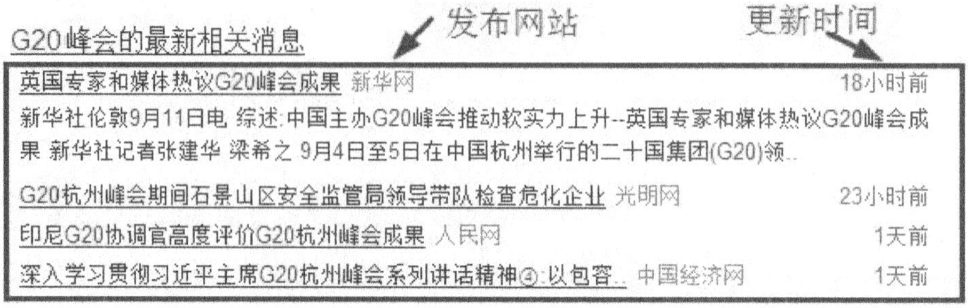
G20峰会的最新相关消息
发布网站
更新时间
英国专家和媒体热议G20峰会成果 新华网 18小时前
新华社伦敦9月11日电 综述:中国主办G20峰会推动软实力上升--英国专家和媒体热议G20峰会成果 新华社记者张建华 梁希之 9月4日至5日在中国杭州举行的二十国集团(G20)领..
G20杭州峰会期间石景山区安全监管局领导带队检查危化企业 光明网 23小时前
印尼G20协调官高度评价G20杭州峰会成果 人民网 1天前
深入学习贯彻习近平主席G20杭州峰会系列讲话精神④:以包容.. 中国经济网 1天前

图 3-28　搜索“G20 峰会”的部分结果

（2）文章内容浅显易懂　撰写容易阅读的内容，阅读者更能快速理解并吸收，这样的内容是搜索引擎乐意推荐给用户的，所以文章内容要尽量言简意赅，同时文章排版也要段落清晰，符合用户的浏览习惯，避免将大量不同主题的内容放在同一页上，却没有任何的分段、标识和层次划分。如图 3-29 所示，该文章段落清晰、浅显易懂。

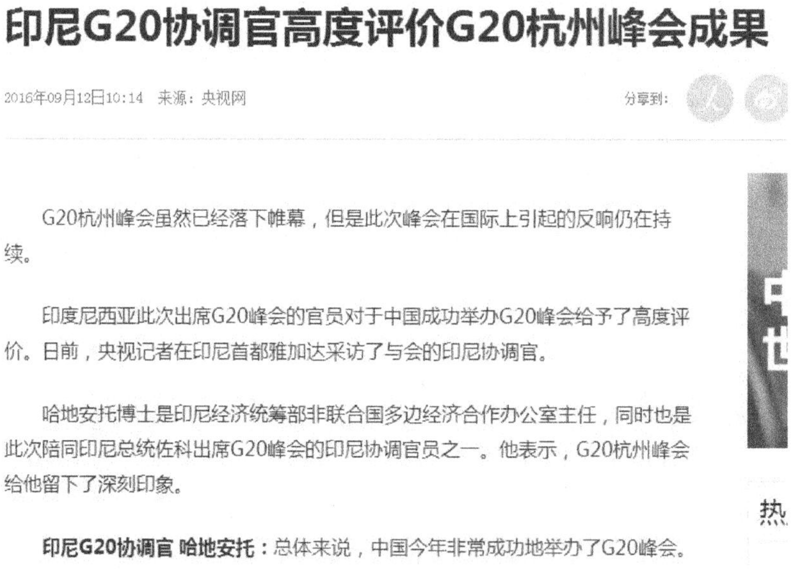
印尼G20协调官高度评价G20杭州峰会成果
2016年09月12日10:14 来源：央视网 分享到：
G20杭州峰会虽然已经落下帷幕，但是此次峰会在国际上引起的反响仍在持续。
印度尼西亚此次出席G20峰会的官员对于中国成功举办G20峰会给予了高度评价。日前，央视记者在印尼首都雅加达采访了与会的印尼协调官。
哈地安托博士是印尼经济统筹部非联合国多边经济合作办公室主任，同时也是此次陪同印尼总统佐科出席G20峰会的印尼协调官员之一。他表示，G20杭州峰会给他留下了深刻印象。
印尼G20协调官 哈地安托：总体来说，中国今年非常成功地举办了G20峰会。

图 3-29　新闻段落清晰

（3）提供原创、独特新颖的内容　不要模仿或抄袭别人的内容，独特新颖的原创内容不仅仅能吸引更多的用户，并且，也更有利于搜索引擎的识别。

如图 3-30 所示是卢松松原创文章，卢松松是一位知名自媒体人、IT 博主，早期博客盛行时，卢松松就坚持原创并发布在个人博客上，引起业内极高关注度，成为国内访问量最大的个人 IT 博主之一。

（4）避免内容重复　即在同一个网站里，不要发布相同的文章内容及标题相同的内容。

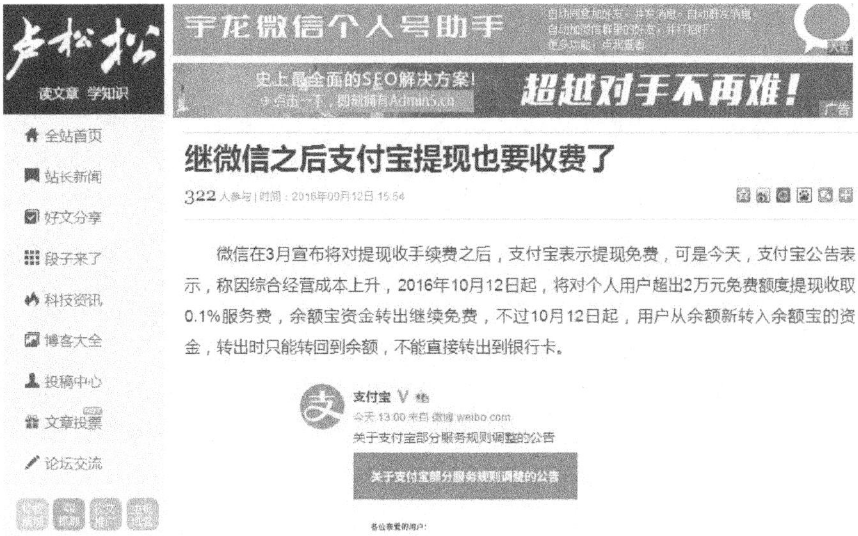

图 3-30　卢松松原创文章

2．文本关键词优化

除了之前说到的网站标题、检索关键词和网站说明中可以进行关键词优化外，其实网站内部本身，也是需要进行关键词优化的。比如：

1）在编辑文章内容时尽可能加入一些关键词，建议关键词占比为 2%～8%，如图 3-31 所示。

图 3-31　某网站关键词在正文本的展现

2）在页面的头部（即 Head 部分，如上面说到的检索关键词和网站说明优化等内容）、导航以及底部应尽可能出现关键词，如图 3-32 所示某网站底部加入关键词。

3）在页面栏目标题处加入关键词，如图 3-33 所示。

4）对关键词进行适当的修饰，如加粗、斜体等。

按照上述方法进行网站优化后（见图 3-31～图 3-33），该网站内容及关键词规划合理，每一细节都关注到自己主营业务的关键词，因此在搜索引擎中很容易被抓取，相应地排名也会很高，如图 3-34 所示该网站在搜索引擎首页中的排名很靠前。

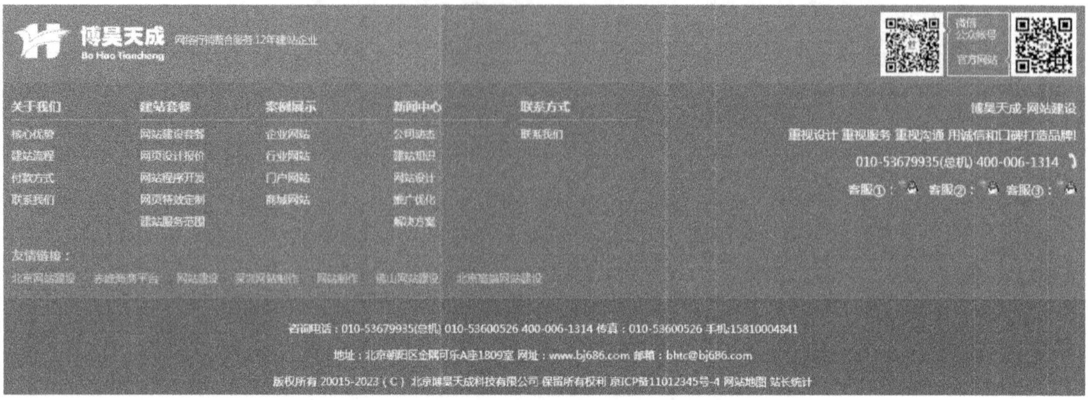

图 3-32　某网站底部关键词设置

图 3-33　某网站栏目标题处设置关键词

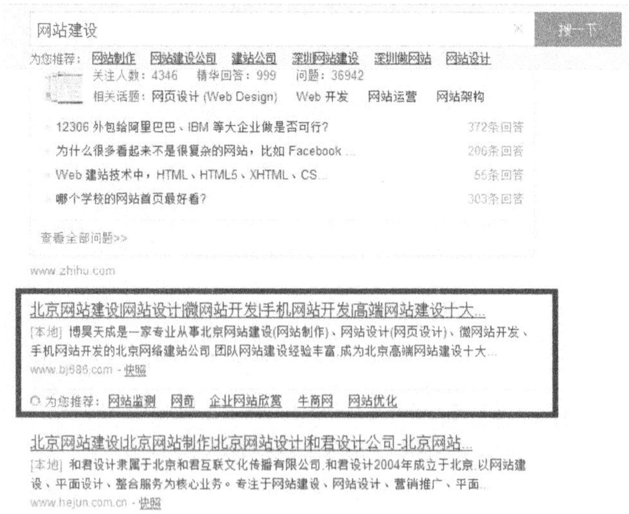

图 3-34　该网站的搜索结果展示

3．网站图片优化

网站页面文件越大，浏览器从服务器下载到显示页面所需的时间便会越长，这一点对网站搜索引擎优化是非常不利的，尤其是网上商城、大型门户网站等要特别注意对图片的优化。

我们先看看淘宝首页文件的大小（见图 3-35）和京东首页文件的大小（见图 3-36）。操作方法：打开页面，单击鼠标右键，接着单击“属性”，弹出对话框，从对话框中可以查看到该页面文件的大小。如淘宝首页文件的大小是 114979 字节，也就是 112KB 多（1KB 等于 1024 字节），112 多 KB 的大小还不及一张图片呢，所以淘宝网站打开的速度非常快，尽管它的页面篇幅很大。

图 3-35　淘宝首页文件的大小

又如京东首页文件的大小是 197582 字节，也就是 192 多 KB，同样不是很大，所以京东网站打开的速度也很快。

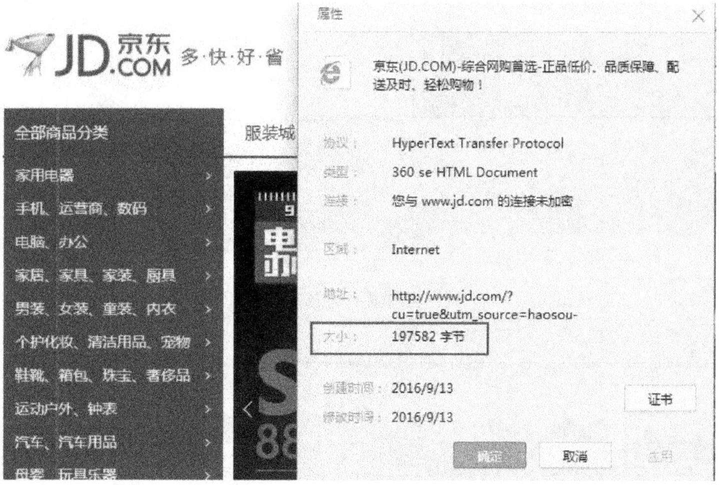

图 3-36　京东首页文件的大小

那么如何对图片进行优化呢？不妨来学学以下技巧。

1）图片保存时使用网络分辨率，即 72 像素（PX）保存，这样图片文件本身的大小就减小了，如图 3-37 所示。

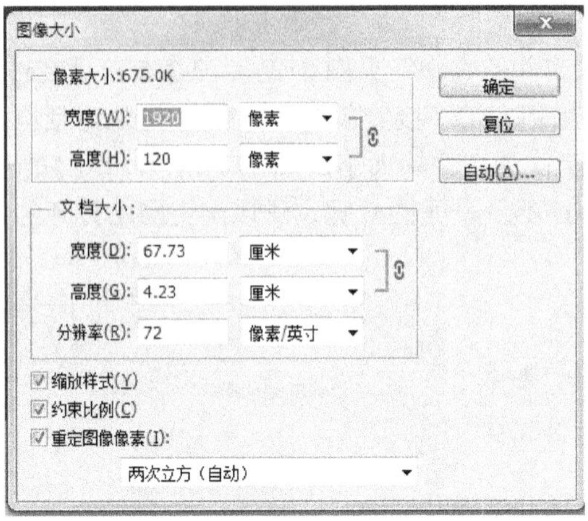

图 3-37　设置分辨率为“72 像素”

2）设计页面时可以将大的图片切割成比较小的图片，这样网站加载的速度便会有所提高，这是淘宝详情页较多采用的方法。

3）不要使用不必要的图片、动画、声音等文件，有些图片是用来填充空白的，像这样的图片可以去掉。

4）尽量减少导航按钮或其他特效中用图片做翻转的效果，而改用层叠样式表（CSS）控制效果。

5）为图片添加属性的时候，图片名称和图片的内容要一致。名称可以设置包含关键词，如图 3-38 所示，百度搜索“网站制作”打开图片窗口的时候，与该关键词相关的图片被检索出来，这样也能提高网站的曝光率。

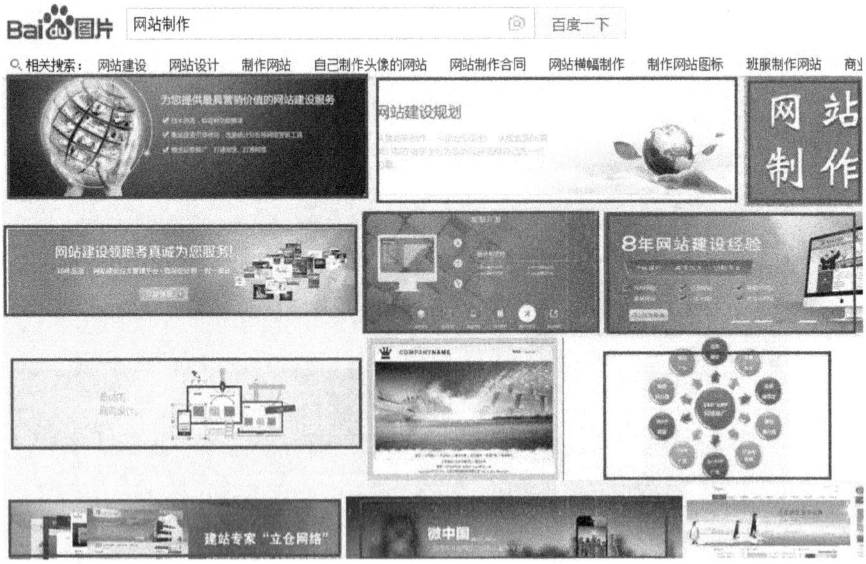

图 3-38　百度搜索“网站制作”的图片展示

四、搜索引擎优化注意事项

进行优化时，很多人都注意到关键词的重要性，但是不是在网站里设置越多的关键词就越好，在进行搜索引擎优化时，需要注意以下几点：

1．切勿堆砌关键词

比如一家做网站的公司，其关键词是“网站建设”，于是很多人设置关键词时就设置为：北京网站建设、天津网站建设、河北网站建设……这样虽然可为关键词增加精确搜索的概率，但实际上是关键词堆砌严重，建议同样的词不要重复出现 3 遍及以上。

2．使用 CSS 或背景色隐藏内容

还有些网站内容发布者自以为聪明，将关键词等内容输入网页中，然后使用白色等方式隐藏起来，既不影响网站效果，又设置了关键词，想要一举两得，这些都会被搜索引擎识破。

3．链向作弊的网站或使用被惩罚过的域名

有些网站通过作弊手段使网站排名很靠前，然后将网站卖给想要提升排名的站长，这虽然能获得一时的利益，但是作弊网站总有被发现的时候，到时不但作弊网站会被屏蔽自身的网站同样会受到影响。

4．尽量避免单一图片和 Flash 的网站

这样的网站不仅文字信息很少，而且几乎没有更新，所以对网站优化非常不利。

5．存在太多与网站主题无关的内容

这一点跟第三点有点相似，就是内容与网站主题无关，那么不是作弊就是没有可读性的网站，所以网站在更新内容时，不要上传无关的内容。

小窍门 如何知道网站被搜索引擎屏蔽了？

方法一：使用 site：域名

比如要查看“www.360.com”在百度搜索引擎的收录情况，就在百度搜索框里输入“site:www.360.com”，则会显示百度收录结果（见图 3-39），但是如果没有网站页面的显示，就说明被屏蔽了。

图 3-39　百度检索“site:www.360.com”的结果

方法二：搜索网站名称

在搜索引擎框中输入网站名称，如果排在第一位的不是企业的官方网站，通常说明网站被惩罚了，当然这里所说的网站名称，不能是那种很宽泛的随意起的名称，而应该是公司的名字。但是要排除一种情况，就是当有竞价广告出现的时候，竞价排名会在第一位，此时就需要看自然排名的位置，这一点会在点击付费广告（PPC）推广中介绍。如图 3-40 所示百度搜索“北京昌平职业技术学校”，除广告部分外，北京市昌平职业学校的网站自然排名是第一位的。

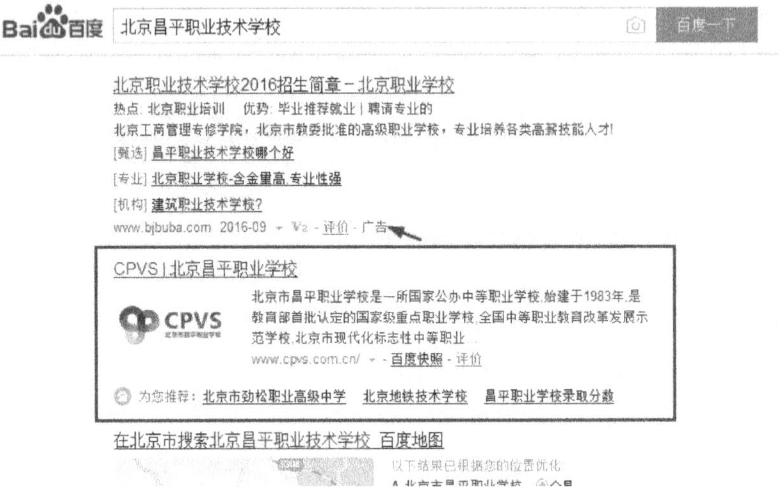

图 3-40　百度搜索“北京昌平职业技术学校”的部分结果

模块二　点击付费广告（PPC）推广

点击付费广告（Pay Per Click，PPC），是很多企业常用的网络推广形式。提供点击付费的网站非常多，主要有各大门户网站（如搜狐、新浪），搜索引擎网站（如 360 搜索、百度搜索），以及其他浏览量较大的网站。

一、PPC 内容网络投放分类

PPC 按投放地分为搜索网络投放和内容网络投放，比如百度搜索、360 搜索、搜狗搜索等属于搜索网络投放，搜狐新闻、新浪新闻、网易新闻等则是内容网络投放。其中百度搜索、360 搜索的点击付费广告是以竞价来排名的，谁出的价格高谁就排在前面，因此这种方式又称为竞价排名推广。

如图 3-41 所示，箭头所指部分写着“广告”，说明该条信息为 PPC 推广的内容，按照后台设置的点击价格标准，价格越高则排名越靠前，即竞价排名推广。

如图 3-42 所示，是网易 2016 年 9 月 14 日的首页截图，图片箭头所指部分均标明“广告”字样，说明这些信息均是广告展示，但是这种广告展示分多种情况收费，一种是 PPC 形式，即点击收费；第二种是按展示次数收费，就是按在用户面前展示的次数来计算广告费用；还有一种就是买广告位的形式，即广告固定在页面某个位置，不管用户点没点，展示多少次，都收取一定的费用。但总体上来说，它们都属于内容网络投放推广。

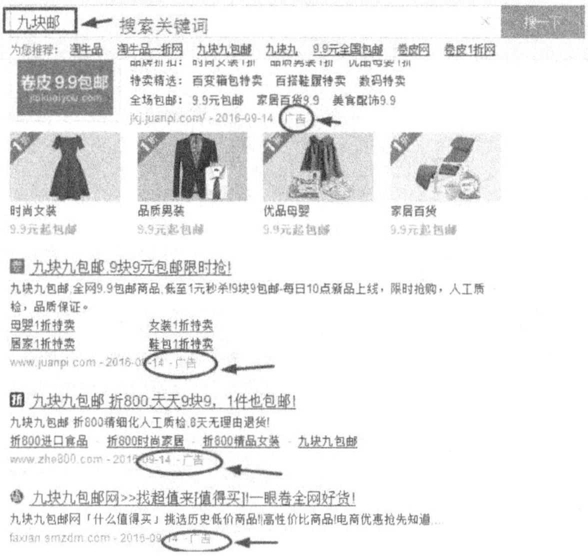

图 3-41 360 搜索上的广告展示

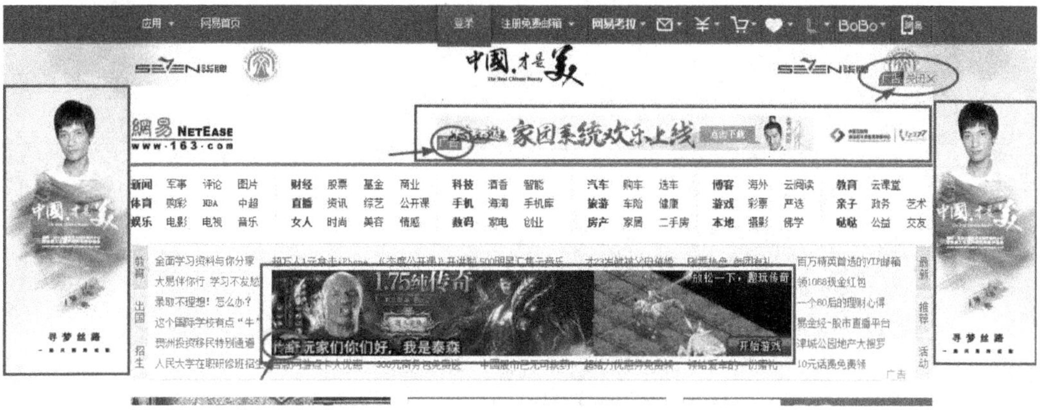

图 3-42 网易首页上的广告展示

当然，随着广告样式的不断拓展，内容投放推广还有很多展现形式，比如网页弹窗广告（见图 3-43）、视频弹窗广告（见图 3-44）、视频花絮广告（见图 3-45）、字幕广告、动画广告等。

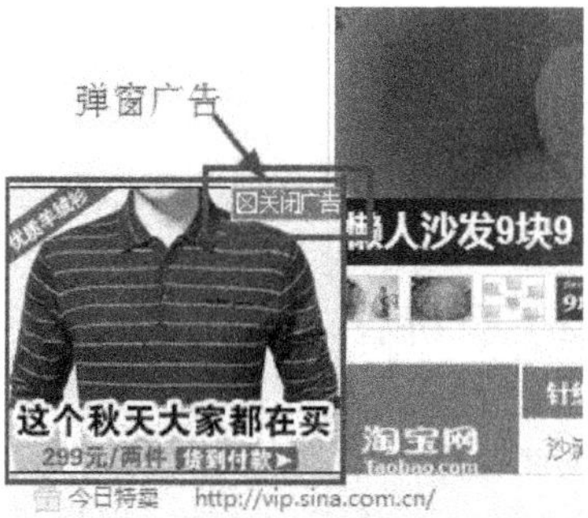

图 3-43 网页弹窗广告

图 3-44　视频弹窗广告

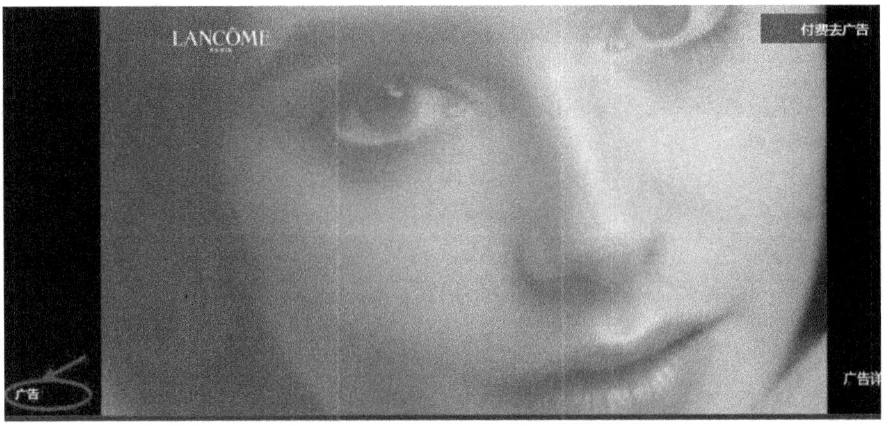

图 3-45　视频花絮广告

二、PPC 内容网络投放技巧

很多做 PPC 广告的商家认为投放得越多效果越好，但这么做的结果往往是花费大额广告费，效果却不一定能达到理想状态。那么，如何做好内容网络投放呢？这需要一定的技巧。

（一）注意区分两种不同的内容投放方式

两种内容投放方式如下：自己指定网站进行投放；让后台自动根据设定的关键字予以匹配进行网站投放。

比如，笔者近日搜索“九块邮”的频率比较高，那么网络识别技术捕捉到我的需求：“近期想要买便宜低价的产品”，那么我在浏览很多网站时，给我呈现的广告大多以购物为主，而且还都是价格比较便宜的，如图 3-47 所示。

如图 3-46 所示，就是采用第一种内容投放方法：指定网站进行投放。游戏公司针对相关的网站进行投放，用户打开游戏类网站时，说明他比较关注或者感兴趣，因此能保障广告效果。

图 3-47 就是采用了第二种内容投放方法：自动根据你设定的关键字进行匹配网站投放。这样非常有针对性，广告效果比较明显。

图 3-46　游戏页面的广告展示

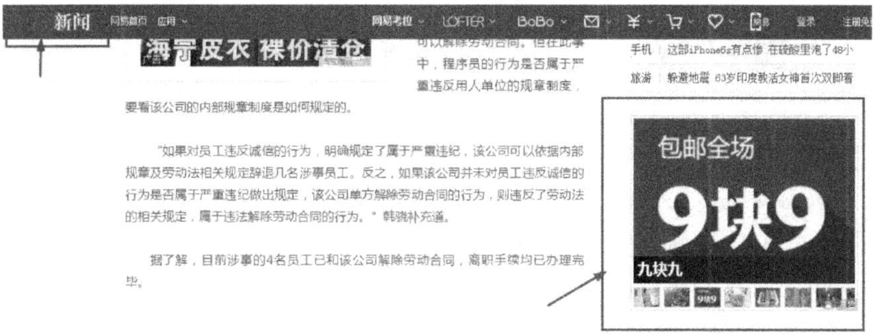

图 3-47　网易给我推荐的广告

（二）制作多个广告样式

投放广告无非就是起到两个作用，一是吸引用户点击，二是进行品牌和产品宣传推广。吸引用户点击是大部分广告投放主的目标，但如果是单一的广告形式，很容易产生视觉疲劳或用户逆反心理，相反，制作多个好玩又有趣的广告，更容易吸引用户点击。

如图 3-48、图 3-49 所示，为某商家的内容投放广告，有文字、小图、动态图等多种形式，即使在一个页面中显示，也表现出不一样的视觉效果。

图 3-48　文字广告效果

图 3-49　图片广告效果

（三）广告展示一定要融入品牌、产品特征、卖点等

在内容网络投放当中，图片广告的效果要远比文字广告来得好，因此，制作好的图片广

告也是相当重要的，并且在广告中，需要把想要告诉用户的话体现出来，比如品牌、产品特点、产品卖点、优惠活动等，如图 3-50 所示。

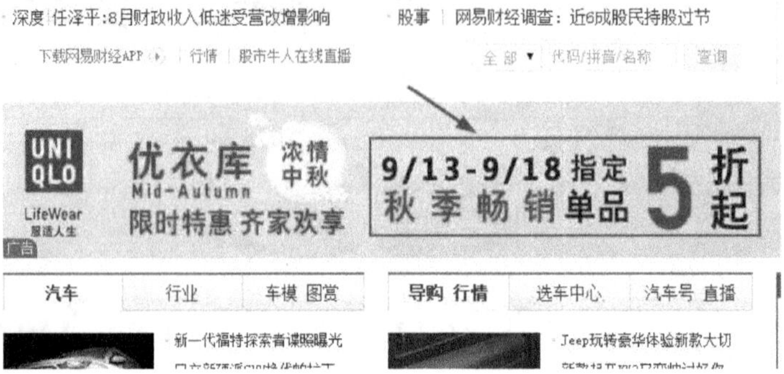

图 3-50 促销信息明显

（四）注意设置投放周期

因为内容投放的平台一般都是新闻或行业门户网站，这类网站内容更新很快，如果广告陈旧或更新太慢，对于用户的吸引力就会相应地下降而无法达到广告预期效果，所以内容投放时间最好控制在 7 个自然日内。

三、PPC 搜索网络投放技巧

PPC 搜索网络推广分为多种模式，如竞价排名推广、搜索展示推广、网盟推广、企业百科等。如图 3-51 所示，为百度付费推广管理后台。其中“我的产品”下方包含“搜索推广”“网盟推广”“企业百科”等，是百度搜索推广的不同产品，选择不同产品其推广展现形式会有所不同。

图 3-51 百度付费推广管理后台

下面我们以百度广告产品为例，分别介绍一下企业百科、网盟推广、搜索推广这几种推广方式。

（一）企业百科

企业百科是按年展示收费。企业百科设置的关键词一般为企业名称或企业品牌，是为树立企业或品牌形象而设立的。

如图 3-52、图 3-53 所示，是 e 保养进行的企业品牌百度百科搜索推广的展示效果。从图 3-53 中可以看到该条百科信息带有官方资料信息，已经展示了该公司的电话、微信等联系方式，而不像一般的词条是网友自发建立或者百度官方给出的。

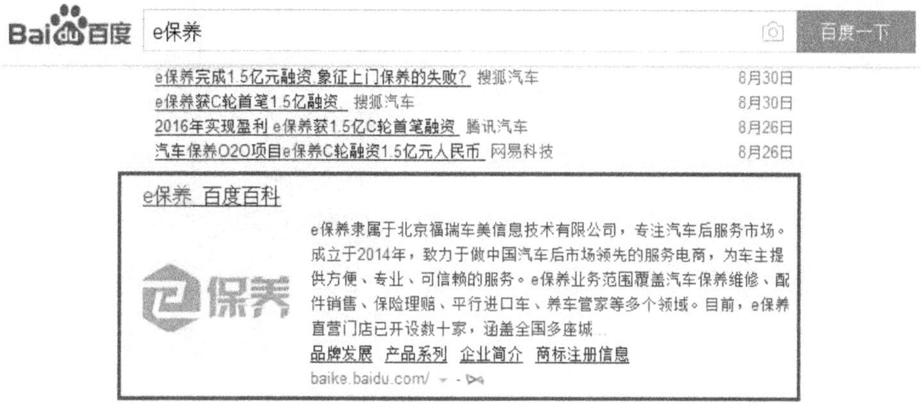

图 3-52 “e 保养”百度百科搜索效果

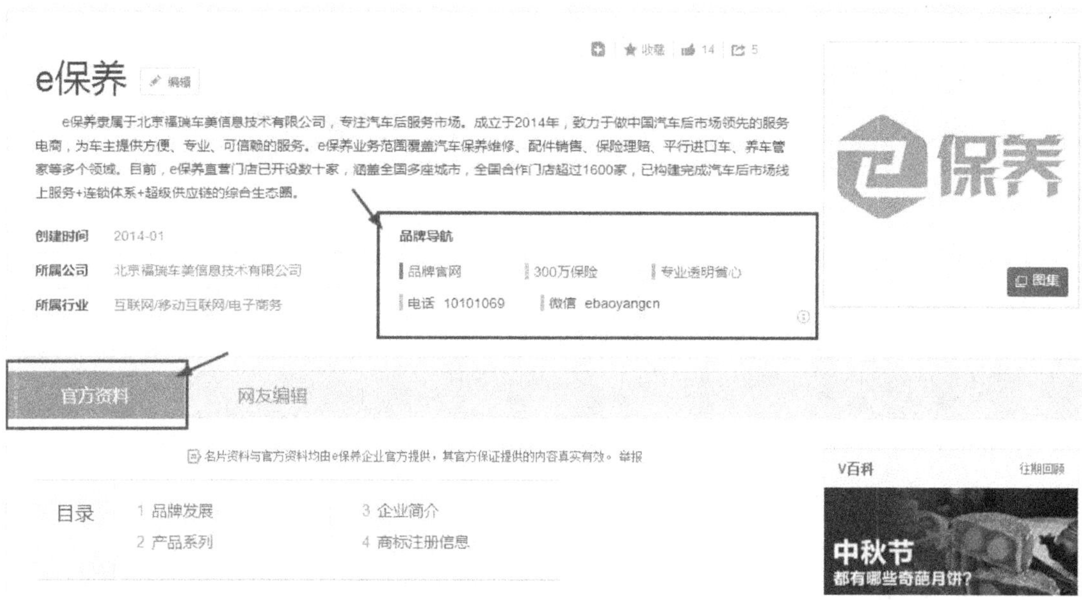

图 3-53 “e 保养”百度百科展示效果

企业百科有助于加强企业品牌形象，减少竞价费用，但其弊端是只能搜索品牌相关词语时才展示，所以企业百科可以根据企业自身需求选择性使用。

（二）网盟推广

网盟推广是搜索引擎平台跟其他网站合作，在合作网站上展示的广告信息，有纯文字、图文或动画等多种形式，并且网盟推广是主动型的。搜索引擎会根据用户平时浏览的网站、兴趣爱好及近期搜索的关键词等，选择性地推送相关内容的广告给用户，如图 3-54、图 3-55 所示，带有百度标识的为百度网盟推荐给用户的广告。

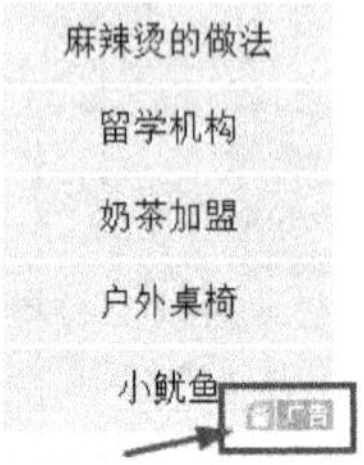

图 3-54　百度网盟推荐广告（1）

图 3-55　百度网盟推荐广告（2）

网盟推广设置方法如下：

网盟推广属于展示出价的一种，在百度后台“首页-网盟推广”中进入网盟设置页面，单击“推广管理”可以进行推广计划、推广组、创意、附加信息等内容的设置，其中“推广计划”可包含多个推广组，推广组下才是关键词具体设置，如图 3-56 所示。

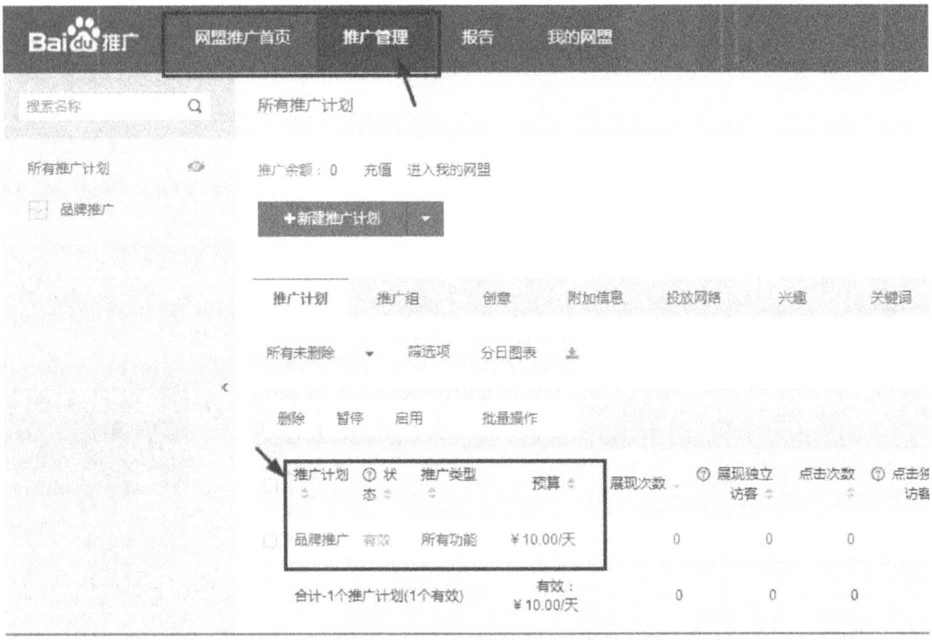

图 3-56　网盟推广设置

设置关键词后，需要进行推广展示效果设置，如图 3-57 所示为广告图片效果，图片效果可以设置为多种形式，根据不同网站版面，会匹配合适的图片尺寸。

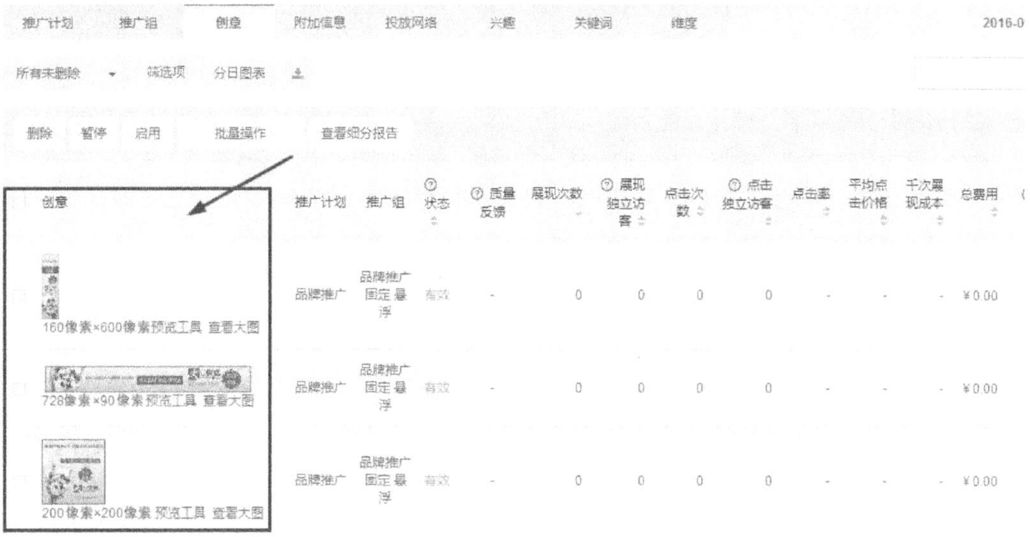

图 3-57　网盟推广图片效果

（三）搜索推广

搜索推广只在百度的搜索引擎中显示，也就是百度搜索结果页，是被动的，只有用户搜索时才有机会展现，如图 3-58 所示，带“广告”字样的内容均为搜索推广展示，它们根据出价高低顺序排列。

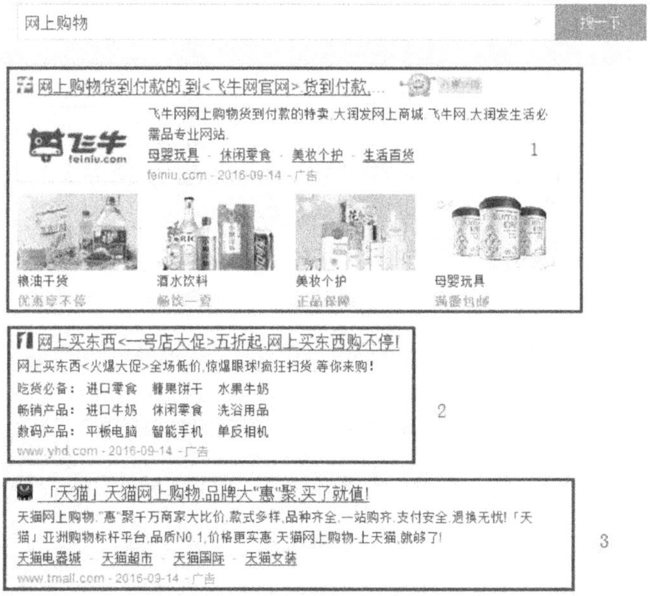

图 3-58　搜索“网上购物”的部分广告展示

但是，当某一关键词只有少数人出价，或者只有一个人出价时，会出现如下效果，如图 3-59、图 3-60 所示。

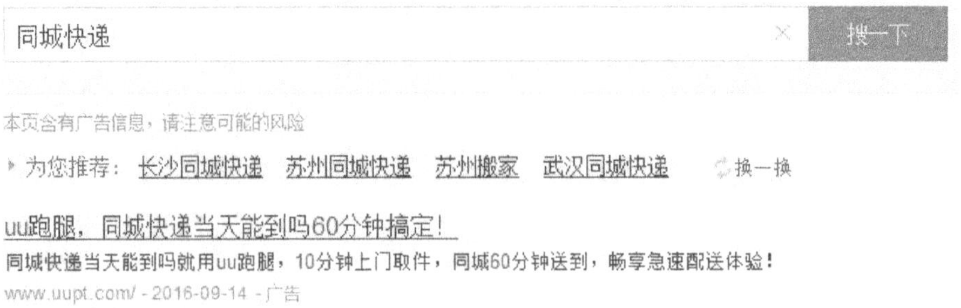

图 3-59 搜索“同城快递”部分展示结果（头部）

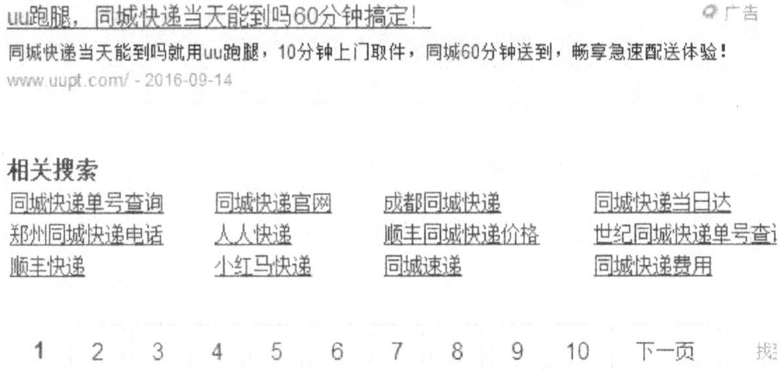

图 3-60 搜索“同城快递”部分展示结果（底部）

如图 3-58 所示搜索关键词“网上购物”，因为该关键词出价的商家较多，所以会按照出价高低产生先后排名。而图 3-59、图 3-60 搜索关键词“同城快递”只显示一个商家的广告，可见该关键词出价的商家少，所以我们设置关键词价格时一定要注意观察是否有其他商家在竞价。

但是不管是哪种出价方式，目的都是要获得更多有效点击，以促进产品销售。如何做到花最少的钱获得最大最有效的展示和点击，是进行搜索网络推广的关键工作。所以，PPC 搜索网络投放也需要掌握一些技巧，不是竞价越高效果就越好的。

下面介绍几个 PPC 搜索网络投放的技巧：

1．设置关键词匹配模式为精准匹配

如图 3-61 所示，单击“推广管理—其他设置—精确匹配扩展”，勾选“启用高级精确匹配功能”和“启用精确匹配扩展（地域词扩展）功能”。这两种精确匹配是有区别的，大家一定要注意区分。

1）开启高级精确匹配功能时，只有客户的搜索词与企业提交的关键词完全一致时，企业的推广结果才有展现机会。这样设置后目标客户更加明确，客户转化率更高。

2）开启精确匹配扩展（地域词扩展）功能时，当企业设置的关键词中包含地域性词时，如“北京同城快递”，位于该地域的网民（按 IP 地址判断）搜索除去地域词以外的部分，如北京用户只搜索“同城快递”，也可能展现企业的推广结果。

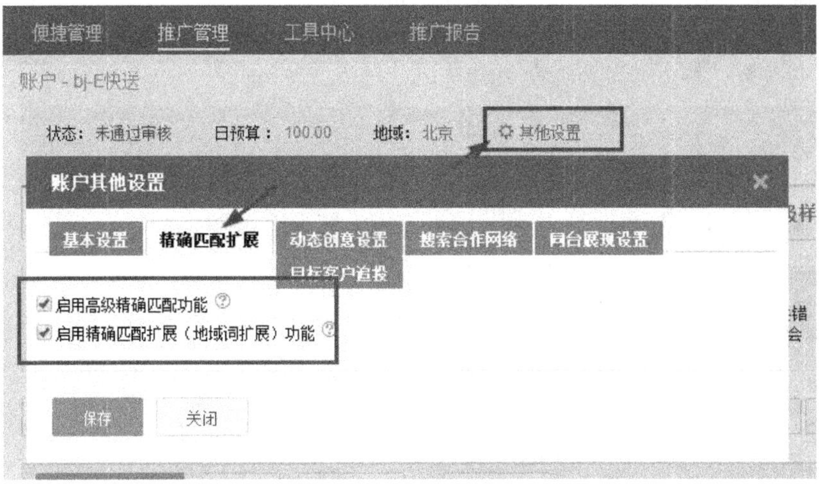

图 3-61　开启精确匹配功能

2．设置主关键词和副关键词，并进行分组管理

为了便于管理，可以设置多个分组，针对不同的关键词进行分组管理，比如品牌关键词、业务关键词、招聘关键词等，业务关键词是主关键词，竞价也相对更高，品牌关键词是品牌形象推广的一部分，作为副关键词，竞价相对较低，分开管理有助于批量设置出价。如图 3-62 所示，单击“推广管理”，页面左侧便会出现设置好的分组，在右侧可以对分组进行编辑管理。

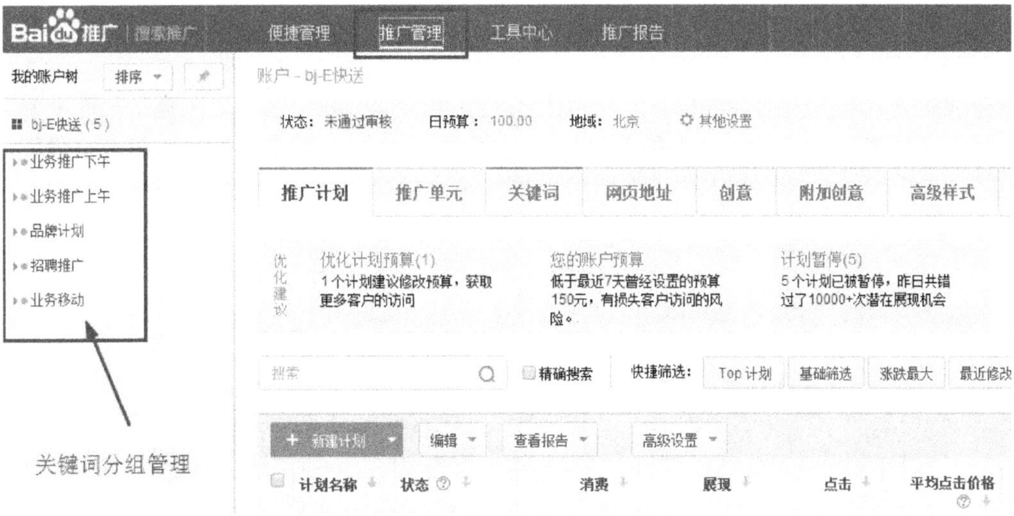

图 3-62　推广分组管理

3．设置投放区域

这个需要参照产品市场定位，比如是北京同城快递公司，那么定位所投放的区域便为北京。如果是华北区域，那么北京、天津、河北等便都需勾选上，如图 3-63 所示。设置投放区域可以有效确定目标用户区域，同时关键词出价相对会低一些。

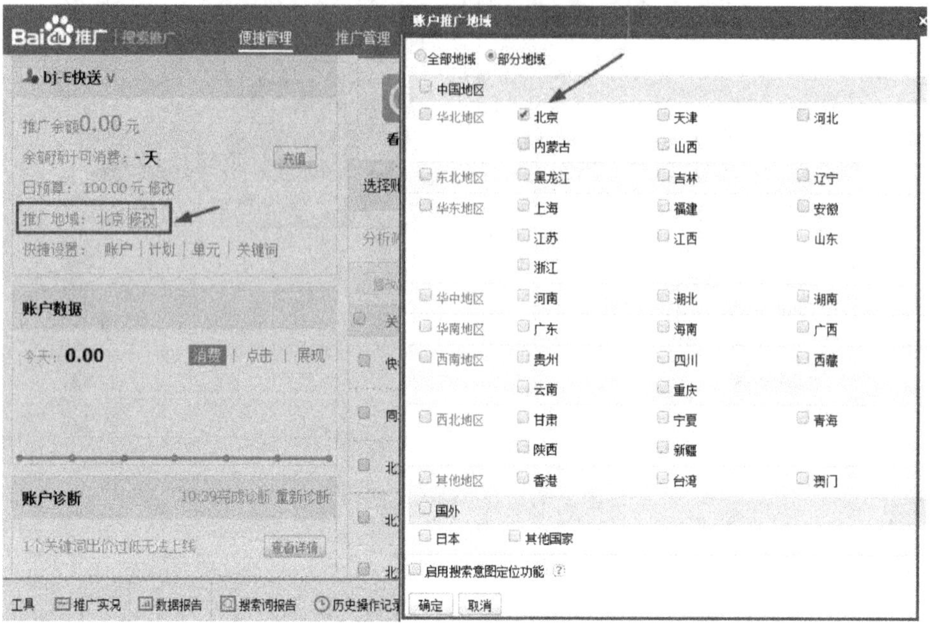

图 3-63　设置投放区域

4．设置投放时间

互联网是 24 小时不停地运转的，如果不设置搜索时间，很容易将资金消耗掉，且不能实现好的转化率，所有设置投放时间便于企业更好地控制广告资金及展示效果。比如是针对企业用户的办公人群，他们一般在工作时间会查找合适的供应商，那么就可以将投放时间设置为 9:00—18:00。

企业运营较长时间后会发现，下午比上午的竞价要低一些，因为上午竞价的企业多，当它们把当日预算花完了，竞价的企业会少一些，这样价格也会下来。所以，笔者会设置“业务推广上午”和“业务推广下午”两个组，并精确设置投放时间，从而降低总的点击出价，如图 3-64 所示。

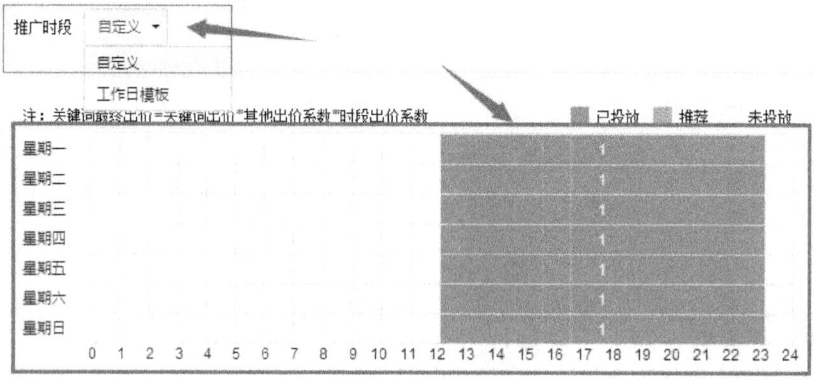

图 3-64　设置投放时间

5．设置预算

为了避免突然加大流量造成账户不必要的广告费消耗，需要设置“日预算”以控制每日的广告费用。如果不设置预算，即使前面设置得再好，也难保推广经费会无限制地流失。并且账户预算对于整个账户的质量提升是有帮助的，我们要做到账户中时时都有费用，在有效的时间段内，做到不早下线。如图 3-65 所示，设置账户预算时会显示推荐预算，企业可以设置为推荐预算，也可以根据自身情况来设置。

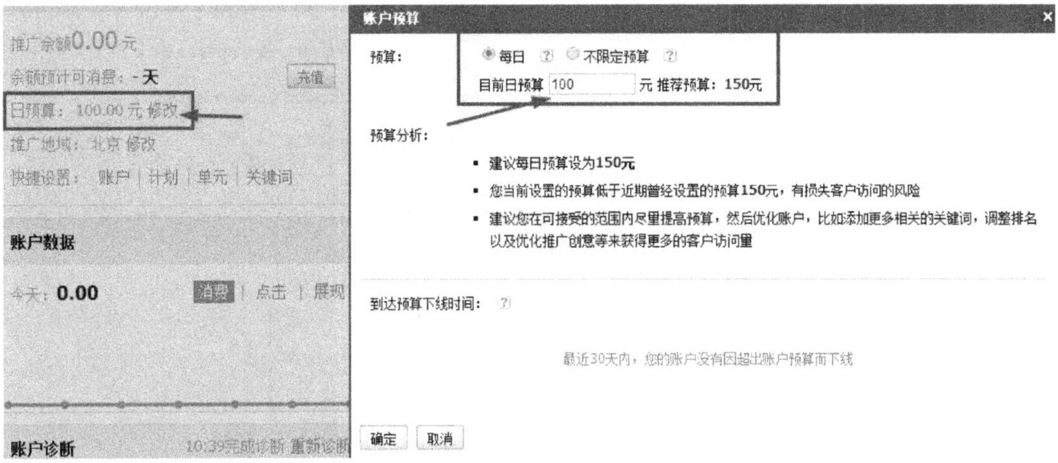

图 3-65　设置每日预算

6．设置展示效果

展示效果在百度后台中称为“创意”，好的创意会提高用户转化率。如图 3-66 所示，单击“创意”—“编辑”，进入创意编辑页面。

图 3-66　创意即搜索展示效果

如图 3-67 所示创意编辑页面，左侧为创意编辑区域，右侧为创意预览区域。从右侧“创意预览”中可以看到不同的展示效果，如推广位预览、推广链接位预览、右侧推广位预览、移动设备 iPhone 6 plus 推广位预览等。不同的效果相同的文字。这里的编辑技巧同搜索引擎优化技巧相似，分为创意标题、创意描述等。这里的标题、描述对网站本身没有任何影响。

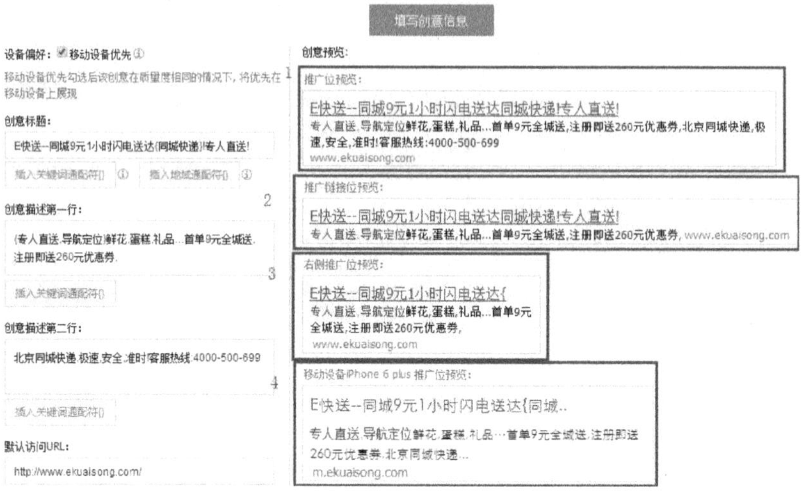

图 3-67　创意编辑

模块三　搜索引擎收录推广

搜索引擎的蜘蛛程序是一只有思维、有辨别能力的“蜘蛛”（见图 3-68），用户不要把它当成单纯的网站内容搬运工，它在读取内容的时候，同时会对这些内容进行价值以及其他方面的辨别。一个网站收录的信息数量越多，收录得越快，就越说明此网站对搜索引擎比较友好。

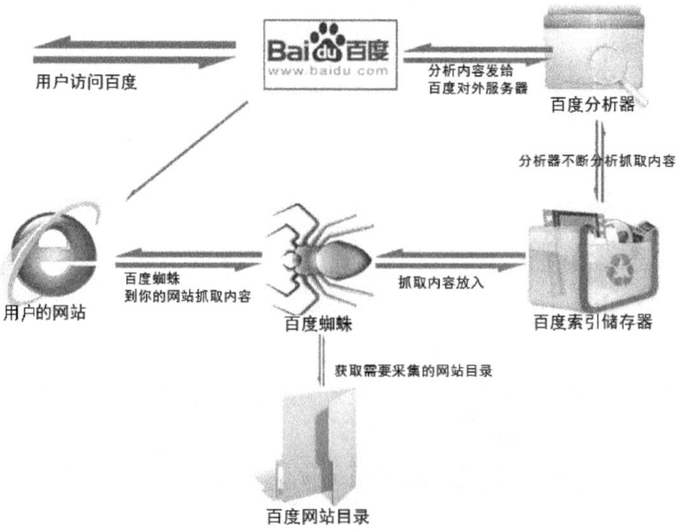

图 3-68　百度蜘蛛工作图

一、搜索引擎提交入口

一个网站，想要立足于互联网，那么这个网站被搜索引擎收录是非常必要的，这也是为什么前面着重介绍的搜索引擎优化（SEO）推广和点击付费（PPC）推广的原因，这是增加网站被搜索引擎收录的主要方式。

那么，对于一个刚刚建设成功的新网站，如何才能快速地被搜索引擎发现并收录它呢？最基本的方法就是登录各大搜索引擎网站并提交自己的网站。

（1）百度搜索引擎登录入口，网址：http://zhanzhang.baidu.com/linksubmit/url，如图 3-69 所示。

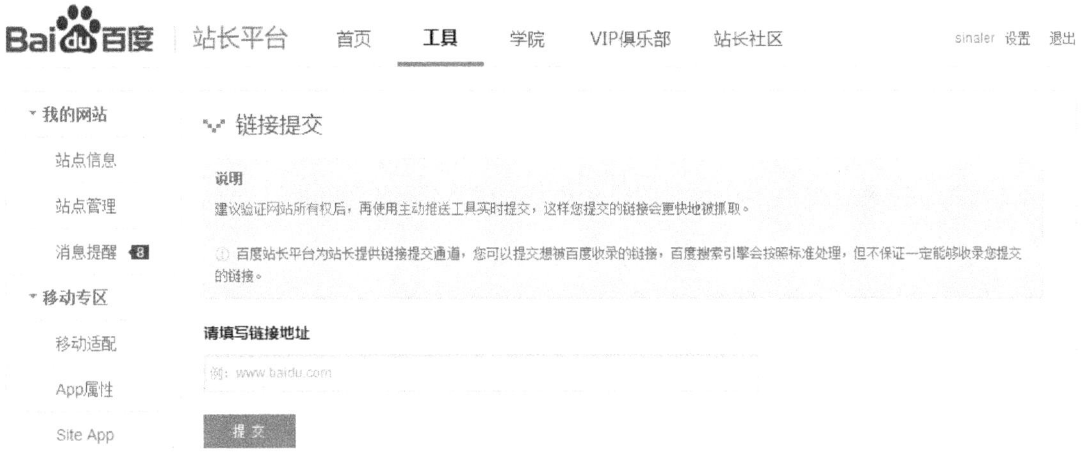

图 3-69　百度提交入口

（2）360 搜索引擎登录入口，网址：http://info.so.360.cn/site_submit.html，如图 3-70 所示。

图 3-70　360 提交入口

（3）搜搜搜索收录提交入口，网址：http://www.sousuoyinqingtijiao.com/soso/，如图 3-71 所示。

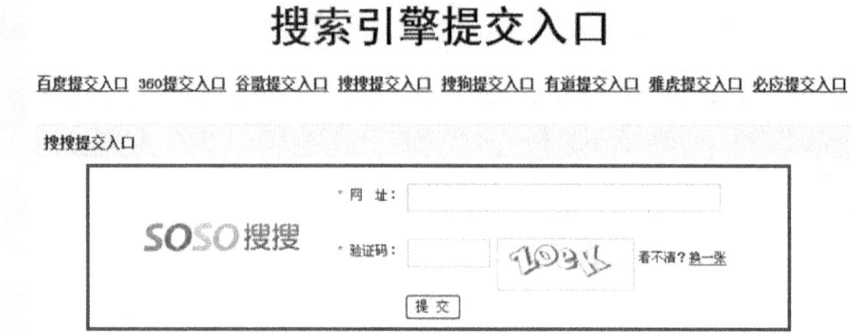

图 3-71　搜搜提交入口

（4）搜狗搜索收录提交入口，网址：http://www.sogou.com/feedback/urlfeedback.php，如图 3-72 所示。

图 3-72　搜狗提交入口

（5）必应网站提交登录入口，网址：http://www.bing.com/toolbox/submit-site-url。

以上是大部分搜索引擎提交入口，新网站建立后，可以先在各大搜索引擎提交入口提交网站信息，以便快速收录。

二、收藏你的网站

网站收藏的次数多，说明该网站被用户认可，而且是实用的网站，那么搜索引擎会优先抓取，收藏得越多，抓取的速度越快。必要时自己可以多收藏自己的网站，尤其是在百度收藏里，百度收藏的操作方法如下：

1）注册 3～5 个百度账号，这些账号将用作收藏你的网站。

2）如图 3-73 所示，用百度账号登录百度云，在百度云页面右侧菜单找到“更多”—“收藏工具”，单击打开。

3）如图 3-74 所示，将方框拖到书签栏，显示“收藏到”的字样表示拖曳成功。

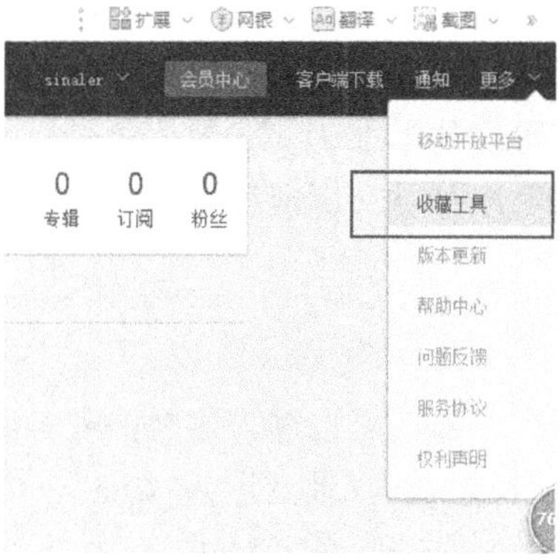

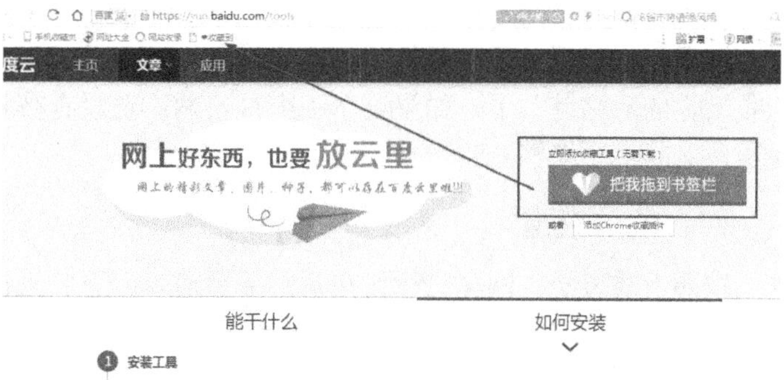

图 3-73　找到“收藏工具”　　　　图 3-74　把“百度收藏”拖到本地浏览器的“书签栏”

4）如图 3-75 所示，打开你想收藏的网站，然后单击“百度收藏”—“文章”，并单击“保存”，便会出现保存提示。

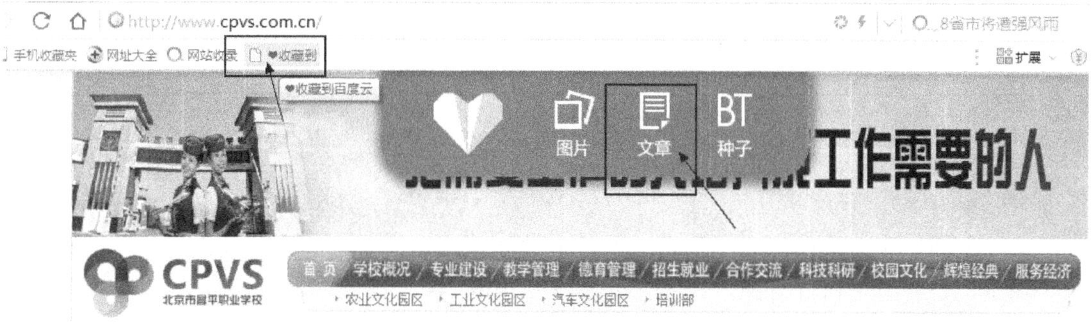

图 3-75　收藏文章

5）保存后，回到“百度云”—“文章”，即可查看收藏情况，如图 3-76 所示。

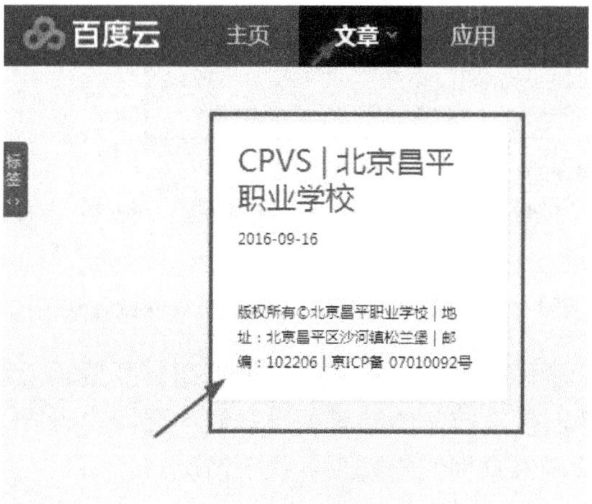

图 3-76　百度云收藏效果

三、发布链接诱饵

到百度贴吧、A5 等权重高的网站发布链接诱饵（带上自己的网址，即站外链接的方式），引诱百度蜘蛛过来搜索并收录。此方法在这里就不详细阐述了，大家可以自己练习，在后期的内容（比如社交网络推广）中会涉及。

如果严格按照上面的操作步骤完成搜索引擎收录的提交等，基本上 7～15 天搜索引擎就能收录你的网站首页了，如果过了 1 个月，网站还没有被收录，可以尝试把首页的布局做个改版，这就需要调整 CSS 样式了。

四、收录查询

按照上述方法对网站进行优化后，需要检查一下收录情况，那么可以进入这个网址查看网站被收录的情况：http://indexed.webmasterhome.cn（中国站长之家-收录查询）。如图 3-77 所示，将该网站收录查询代码复制到网站页面，就可以检索到网站的收录情况了。

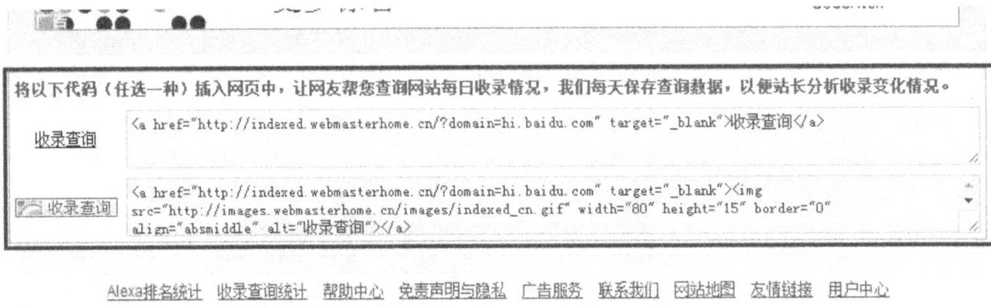

图 3-77　收录查询代码

除了上面这个方法，之前介绍过一个查询网站是否被搜索引擎屏蔽的小技巧，运用该技巧同样可以查看收录情况，即：site:+网站域名，如图 3-78 所示。

图 3-78　site: www.cpvs.com.cn 查看网站收录情况

但是该方法只能单个查询搜索收录情况，比如你在百度搜索查询就是百度收录的结果，在 360 搜索查询，就是 360 搜索收录的结果，没有嵌入查询代码统计得详细，所以如果是长期运营的网站，还是建议嵌入查询代码来查看收录情况。

第四单元

UNIT 4

社交网络推广

社交网络（Social Network Site，SNS）是基于个人之间的关系网络，又称社会性网络服务。随着互联网的发展，社交网络在人们生活中占据的时间越来越多，其具有大量的免费流量也被商家们发掘并开始使用各种手段在社交网络上推广自己的产品。

学习目标

1. 了解社交网站的分类、优势及特点。
2. 掌握社交网络的推广方法。
3. 掌握发帖内容撰写技巧。
4. 掌握社交互动推广方法。

模块一 社交网络基础知识

当今知名的社交网站有聚友（Myspace）、脸书（Facebook）、人人网、开心网等，以及各大论坛如天涯、猫扑、百度贴吧等，都聚集了大量的网络用户，为互联网的发展做出重要贡献。

一、社交网络的分类

根据用户群体进行分类，社交网站可分为以下几类：

大众类：QQ 空间、Facebook

校园类：人人网、朋友网

商务类：天际网、若邻网、白社会

娱乐类：开心网、赛我网

音乐类：Myspace

婚介婚嫁类：百合网、世纪佳缘、红娘网

问答类：知乎、百度知道

兴趣爱好类：豆瓣

论坛类：天涯（见图 4-1）、猫扑、百度贴吧

母婴类：育儿网、宝宝树、太平洋亲子网

不同用户人群定位的社交网络还有很多，比如丽人网，其用户群定位为白领女性，此外还有运动类社区、旅游类社区、男人的社区等。

图 4-1 天涯首页及首页商家广告

二、社交网络的优势

1）社交网站可使用户与朋友保持更加直接的联系，建立更大的交际圈，可以更好地帮

助用户找到失去联络的朋友们，因此用户主动使用性强。如图 4-2 所示，人人网可帮助用户建立与同学之间的相互联系。

图 4-2　人人网主打校园类社交人群

2）社交网站上通常有很多志趣相同并互相熟悉的用户群组，相对于其他网络上的广告而言，在社交网站上对特定用户群组打广告更有针对性。如图 4-3 所示，好豆网作为专业的美食网站，里面不仅有美食菜谱，还集合了一群爱美食的会员，因此出现的广告以美食、厨房等系列产品居多。

图 4-3　好豆网-好豆广场

3）在社交网络中用户言论相对自由，是商家获取口碑宣传最有利的地方，同时也可以通过用户评论，获取产品或服务的反馈信息。

如图 4-4 所示，宝宝树是育儿母婴类的网站，因此美赞臣在其中设立自己的官方论坛圈子，这有利于进行用户口碑收集，对产品的市场状况进行实时监测。

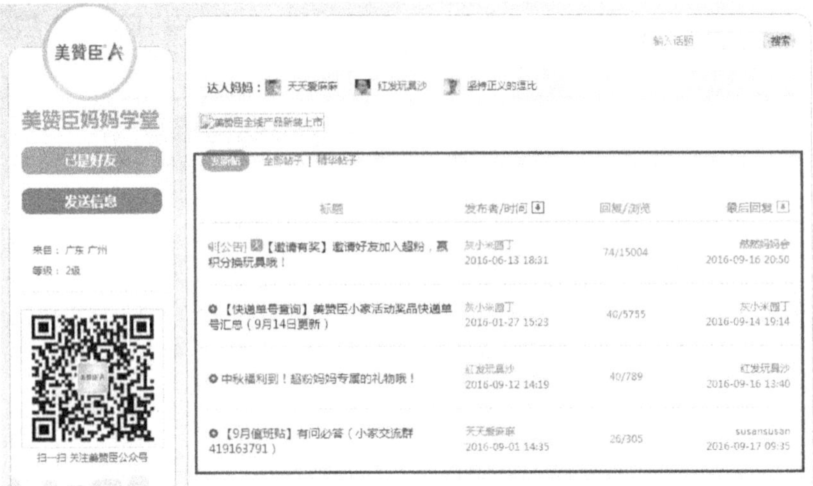

图 4-4　美赞臣在宝宝树的官方论坛圈子

三、社交网络的特点

社交网络的核心是建立用户关系，所以在社交网络进行营销宣传时重点在于建立用户关系，只有建立强大的关系网络，才能更好地在社交网络推广中取得广告成效。

如图 4-5 所示，一篇关于冰淇淋的软文贴在好豆广场的浏览数是 634，回复数是 19，其中浏览量、回复数都代表帖子的推广效果，浏览及回复数量越多，说明广告效果越好。

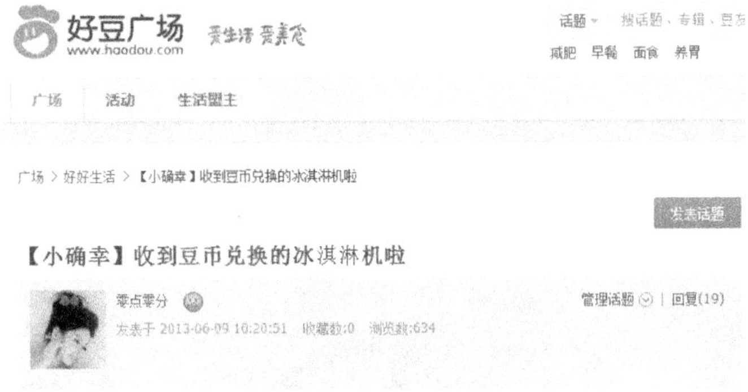

图 4-5　好豆广场发帖

因此，在社交网络建立稳定的社交关系，是社交网络推广的重中之重，有了用户关注的基础，你的帖子才会被更多的人看到，如图 4-6 所示，“我的粉丝”即关注我的用户。

图 4-6　“我的粉丝”

想要获得社交网站上有价值的用户和信息，将广告效果最优化，就必须了解社交网络的特点，针对其特点，深度发掘广告价值。

社交网络的特点如下：

1）直接面对消费人群，目标用户集中。针对这一特点，商家可以跳过传统卖场宣传、店员走访、信息采集等过程，直接面向消费者进行市场调查，这样反馈信息的可信度高。同时，用户直接面对商家，对产品的使用也更放心，更有利于商家树立良好口碑。

如图 4-7 所示美赞臣的市场调查，调查选项直接或间接地强调 DHA、营养的补充，旨在说明美赞臣含有 DHA、营养充分等特点，既收集了调查信息，又推广了产品卖点。

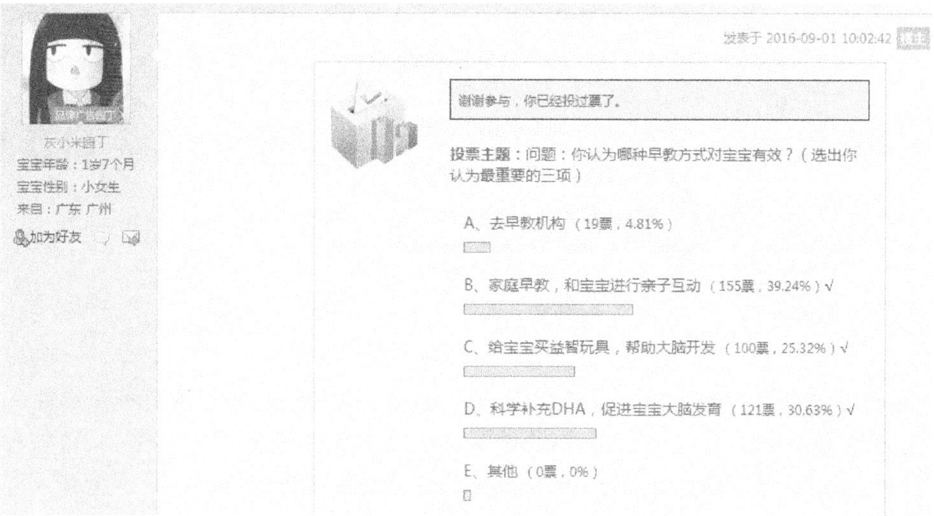

图 4-7　美赞臣的市场调研

图 4-8 是一个用户提交的调查结果，由此可以看出家长比较注重的是家庭早教和 DHA 的营养补充，那么美赞臣可以根据这些调查结果发现产品的卖点而进行下一步的广告宣传。

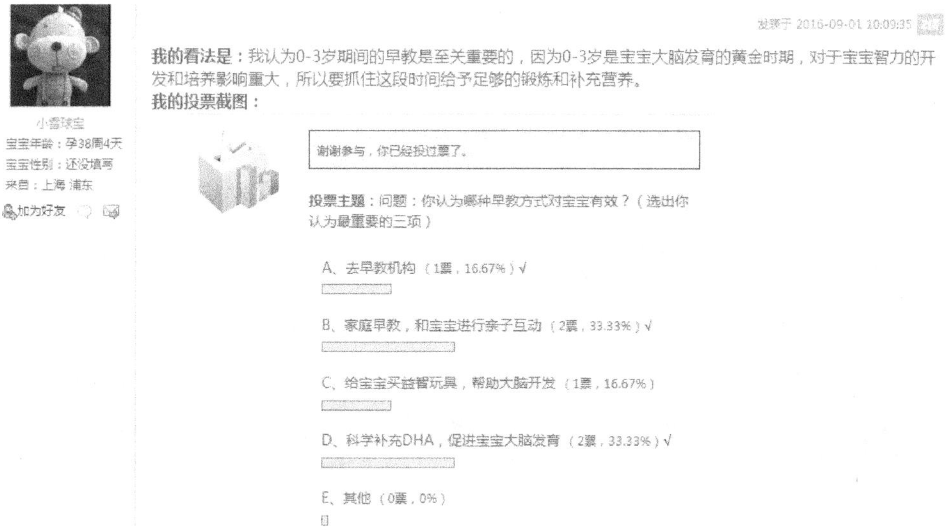

图 4-8　用户的反馈信息之一

（2）氛围制造销售。社交网络属于氛围制造销售的一个平台，这与传统店面需要人气是一个道理，不过社交网络的人气是来自网络用户的。所以，根据这一特征，商家需要筛选有利于自身推广的社交网站，并重点分析该社交网站的用户数量及用户活跃度。

如图 4-9 所示是天涯论坛某版块的点击回复数量，通过用户点击和回复数量可以间接了解该论坛用户的活跃度。

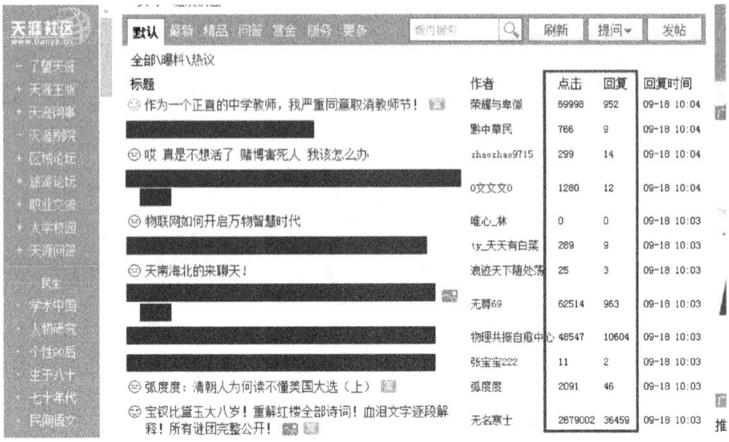

图 4-9　天涯论坛某版块

3）用户群体既有不确定性，又可以很好地细分。网络用户本身具有不确定性，他们可以自由地进出任何网站，但是社交网站通过网站定位，或者划分论坛版块，又可以对用户进行分组管理。因此，商家既可以进行普遍宣传，也可以针对特定目标，组织特殊人群进行重点宣传。

如图 4-10 所示，驴友论坛是专业的旅游爱好者的论坛，有庞大的会员数量，并且从发帖可以看出活跃度都很高，所以根据该论坛用户的特性，商家推广的产品均为户外装备等旅游相关产品。

图 4-10　驴友论坛首页

4）社交网站可以直接掌握消费者反馈信息，针对消费者需求及时对宣传战术和宣传方向进行调查与调整。这一点可以从回帖中反馈出来，如图 4-8 所示为美赞臣调查的用户反馈。

模块二 社交网络推广方法

社交网络是一个相对复杂的网络平台，因为不能保证网络用户的言论对已是否有利，或者推广后能否直接导致他们购买。但是，我们可以结合市场、互联网技术和消费心理学等多个方面进行社交网络推广，让广告效果达到最优。

一、根据产品定位确定推广目标人群

比如某企业主营奶粉，那么根据产品定位，属于母婴类产品，所以推广的目标人群是妈妈爸爸或准妈妈准爸爸等有育儿需求的人群，而这类人群集合的网站就是企业要推广的平台，是企业进行口碑宣传的有效窗口，比如宝宝树、育儿网、太平洋亲子网等就集合了大量育儿人群，他们喜欢在这些网站上讨论、分享、学习育儿经验。

如图 4-11 所示，美赞臣根据产品定位，在宝宝树上投放了大量的广告。

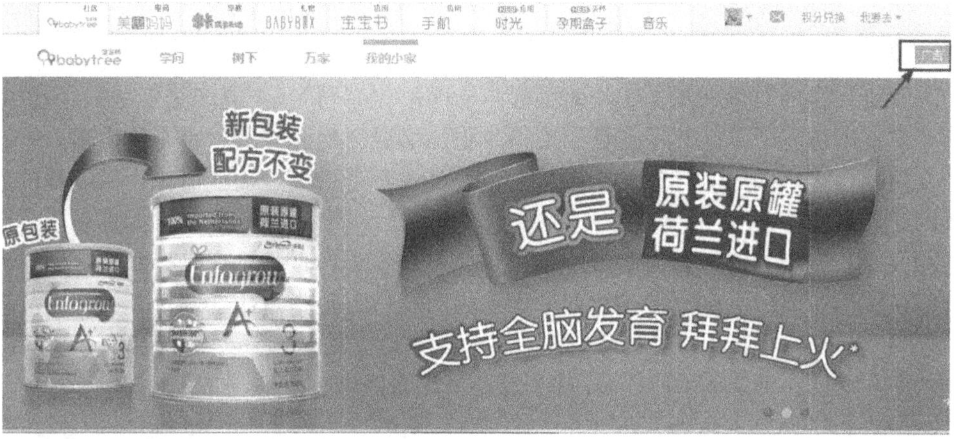

图 4-11　美赞臣在宝宝树上的广告展示

二、确立推广方式

推广的目标人群和推广的网络平台确立之后，还需要确定推广方式，推广方式将直接影响推广效果，比如图 4-11 采用的是购买广告位的推广方式，这种广告费用比较高，但是有利于品牌宣传，用户点击进去可以直接浏览商家官方网站。

又如图 4-12 所示是天猫母婴的广告，点击图片后可以进入天猫母婴品牌馆，挑选自己想要的产品，广告的目的在于让消费者购买产品，属于销售推广。

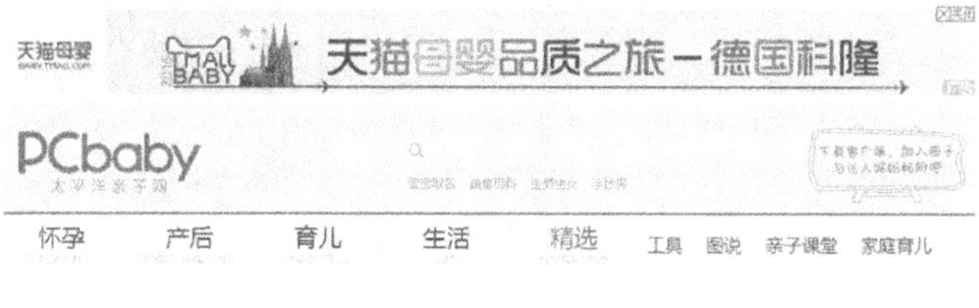

图 4-12　天猫母婴在太平洋亲子网的广告展示

再如图 4-13 所示，各个商家分别建立了自己的论坛版块（宝宝树称为“圈子”），用户可以在这些版块进行产品评价、发表意见、查看使用者的使用经验等，属于口碑宣传，口碑宣传是社交网络最有利的推广方式。

图 4-13　各商家在宝宝树的论坛圈子

不同的推广方式，会产生不同的广告效果，所以商家在选择推广方式的时候，一定要根据自己想要实现的广告目标进行选择。

三、优化推广的内容

随着网络广告的数量增长，用户对很多广告并不“感冒”（不能产生影响），所以对广告内容的要求越来越高了，尤其是在社交网络，更加需要新鲜、有趣、有用的内容。

社交网站上推广的内容存在的最主要的问题就是不考虑读者阅读心理，而硬推的办法在社交类网站上是行不通的。

如图 4-14 所示，这类弹窗广告既不美观也没有吸引力，而且这种形式会让用户产生逆反心理，只想快速关闭，如果关闭过程中误点进入广告，也是没什么转化率的。

图 4-14　天涯弹窗广告

同样，如果是发帖式广告，如果内容直白、无趣，同样是没有什么推广效果的，用户基本上也都会忽略此类广告，那么该帖很快会随着其他热帖上来而沉帖，如图 4-15 所示。

图 4-15　天涯某发帖广告

但是如果我们把推广的内容做到形式新颖，语言风趣、生动，给读者提供有用或有价值的内容，把广告和产品宣传尽可能包装起来，会更受用户喜爱。

如图 4-16 所示，该帖点击量很高，说明标题很吸引人。大家都想去看看是什么活动，自己能不能参与，所以就会点击进去看，并且该帖是图文并茂的，标题处箭头所指即图片标示，这也会提高用户点击率。

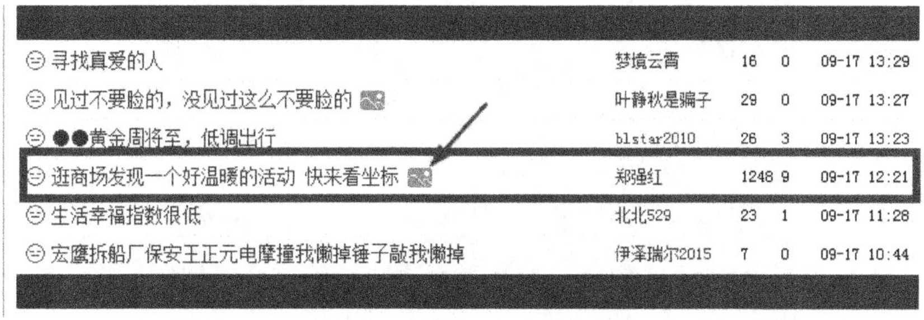

图 4-16　天涯某发帖广告

如图 4-17 所示，该帖子不仅标题吸引人，进入正文版式布局也很美观，其图文并茂的模式既增强了帖子的真实性，也不会使用户感觉广告植入太强。但是如果仅有吸引人的标题，而正文不规范美观，广告直白，用户进去之后很快就退出来，便无法达到广告效果。

天涯论坛 > 北京 > 休闲漫步 [我要发帖]

逛商场发现一个好温馨的活动 快来看坐标

脱水模式 给他打赏 只看楼主 阅读设置

9月15日—9月17日，爱回收在北京、上海、广州、深圳四地举办“爱回收·思念回收小铺”线下活动，借中秋佳节“回收思念，让爱团圆”。

活动现场，爱回收设置了一个思念小铺，爱回收期望将用户浓浓的思念带回家人身边。用户可以在参加活动的现场，填写中秋寄语卡片贴在思念小铺的思念墙上，并进入小屋中摆出造型拍摄剪影照然后分享到朋友圈，即可获得打印版照片。在活动现场，用户还可填写地址，会有工作人员专门负责邮寄中秋贺卡。

活动时间&地点：

北京：9月15日—17日 凯德翠微西广场 19:00—21:00

上海：9月15日—17日 中山公园龙之梦商场 19:00—21:00

广州：9月15日 维多利亚外外阿迪门口 圆形广场 19:00—21:00

深圳：9月15日—17日 皇庭广场中庭 19:00—21:00

除此之外，用户还可以参加爱回收的线上微信活动“致×××的一封信”，您可以通过活动页面向家人和朋友寄出自己的思念，对他们说出那句在心里一直存放的话。

爱回收是国内最大的电子产品回收及环保处理平台，也是首家“互联网+环保”类型的公司，主要提供电子产品回收、手机维修、二手优品的鉴定与售卖。从创立至今，爱回收一直坚持为客户提供优质便捷的服务，公道的回收价格，以及隐私的绝对保护。在这中秋佳节之际，爱回收期望通过“爱回收·思念回收小铺”活动，能让更多的用户了解爱回收，与爱回收一起回收思念，让爱团圆。

图 4-17 帖子正文

四、优化目标网站

在把用户吸引到目标网站之后，想要让用户真正转化过来，就需要把目标网站做好，如对网页设计、网站响应速度、浏览器兼容性、网站的易用性等细节进行优化。

有些商家为简化流程，促进社交网络用户的转化率，会单独设计一个符合广告主题的页面，如图 4-18 所示就是天猫为在太平洋亲子网上的母婴广告，而单独设计的页面，在该页面底部可以点击任一母婴品牌，直接进入这些品牌店铺购买产品，用户可以省去查找过程，符合社交网络用户的心理需要。

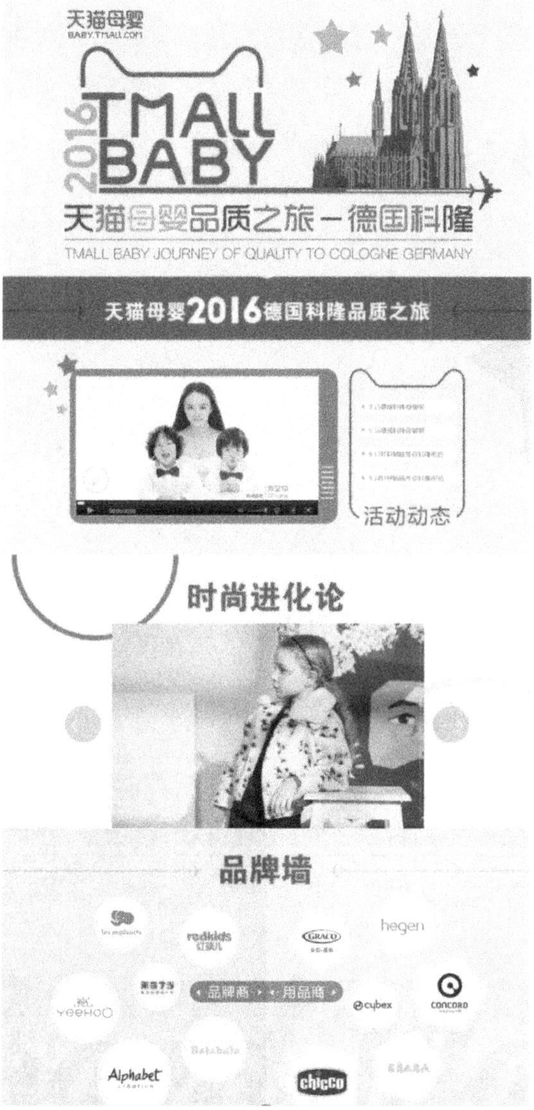

图 4-18　天猫母婴馆页面

五、发布、推广

除了上述直接在社交网站上买广告位的做法，大多商家在进行口碑推广时，无论是开设官方版块还是水军发帖模式，都需要利用一个或者多个账号来推广它们的内容和页面，因此保存好社交网络媒体的账号很有必要。

如图 4-19 所示，是某商家官方论坛版块的管理员账号，但是我相信，除了官方管理员账号之外，很多商家还会设置一些水军账号，以活跃论坛气氛，制造舆论导向。

对于一个从事网络营销，尤其是社交网络营销的人来说，各大社交网站上的账号资源是非常宝贵的，现在很多社交网站为了防止恶意注册、恶意发帖等，开始采用实名注册制，或者需要手机验证、邮箱验证的模式（见图 4-20），导致账号注册难度加大。如果掌握了各大社交网站的账号资源和用户特征，那么对内容发布推广及社交网络传播非常有利。

图 4-19　某商家官方论坛管理员

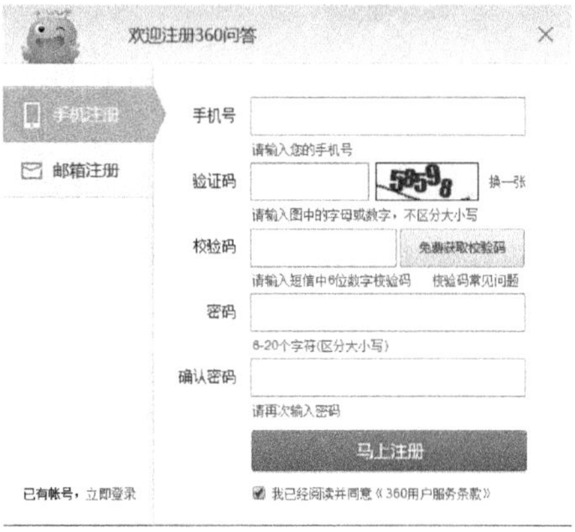

图 4-20　360 注册界面

案例

如图 4-21、图 4-22、图 4-23 所示是某新书完整的社交网络推广流程，包含从广告发布，到点击进入购买页面，以及页面底部呈现读者的书评，可以看出从官方到口碑，都树立了良好的形象，至少在豆瓣网上是如此。

图 4-21　某书在豆瓣上的广告

图 4-22　点击广告进入购买页面

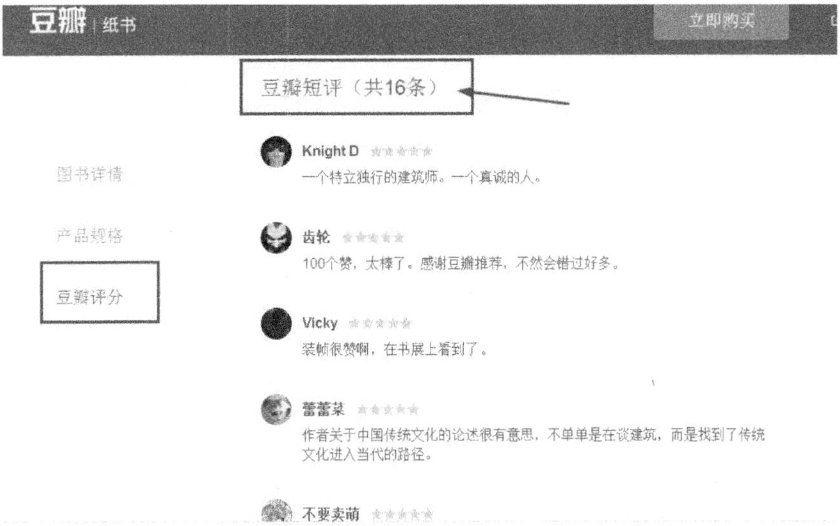

图 4-23　详情页底部有用户评论

六、监控和及时反馈

要想知道网络推广效果如何，最有效的方式就是看数据，如浏览量数据、订单成交数据、用户评论或回复数据等，都可以反馈推广效果。如图 4-24 所示是某新闻网站发布的测评报告，如图 4-25 所示是该报告的部分回复。

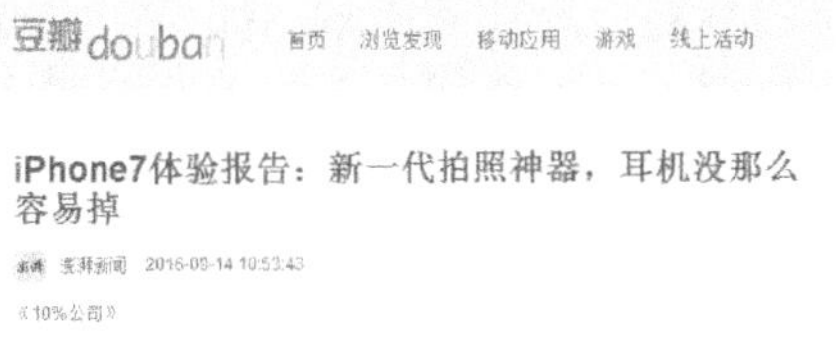

图 4-24　豆瓣测评文章

图 4-25　豆瓣测评文章评论

如果是页面推广的形式，可以通过站内流量统计或第三方站长工具来监控网站的流量、访客行为等，并获取相关数据，如图 4-26 所示是站长统计（CNZZ）的部分统计界面。用户注册站长统计账号并将代码嵌入页面中，就可以实现第三方数据统计了。

通过对广告效果的监测，我们可以更好地优化网站，改进推广方式，并通过用户反馈的信息和与网友的互动交流，深入了解用户需求，为进一步的推广做好优化和规划。

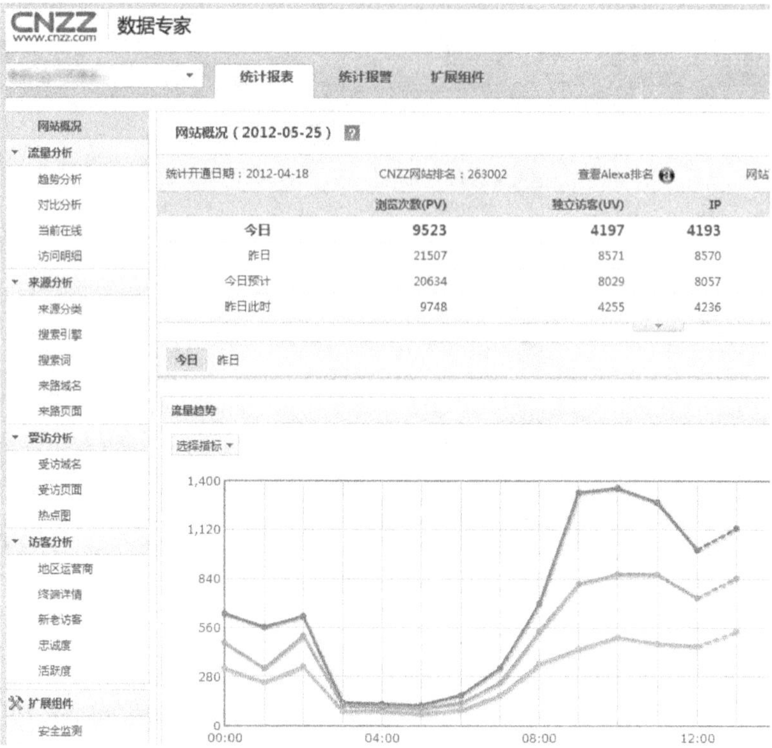

图 4-26　CNZZ 站长统计

模块三　发帖内容撰写技巧

论坛上有管理员每天检查维护，如果恶意灌水或者用群发软件发帖，轻则删帖，重则封号，那么想要做到不被删帖，又能有效地打出广告，就需要一些方法、技巧了。

一、论坛标题

论坛标题是吸引网络用户最重要的因素，新颖、独特的标题会增加点击量。如果帖子质量够高则可以在第一时间被转化，所以标题撰写技巧尤为重要，以下介绍几个常用的标题撰写技巧。

（1）疑问句式　疑问句式可以引起用户的好奇心理，用户为了寻找答案而点击看帖。

例如：人生处处有赚一亿元的机会，就看你能把握得住吗?

到 2020 年时房价是涨是跌？听听专家的意见。

（2）热点词汇或热点话题　热点词汇有利于缩短与网络用户之间的距离，比如随着电视热播剧《花千骨》播出而引出“洪荒之力”这个热词，当 2016 年奥运会游泳健将傅园慧接受记者采访时，说“我已经用尽洪荒之力啦”，“段子手”式的回答引起广大网络用户的转载、讨论，成为时下热点。

（3）攻略知识　对于有针对性的用户群体，他们是想从网上获取有价值的信息，所以有价值的“干货”帖更容易引起他们的关注，比如股票论坛、摄影论坛等专业技术论坛。

如图 4-27 所示，浏览量较高的帖子大多是包含技巧、秘诀等内容的帖子。

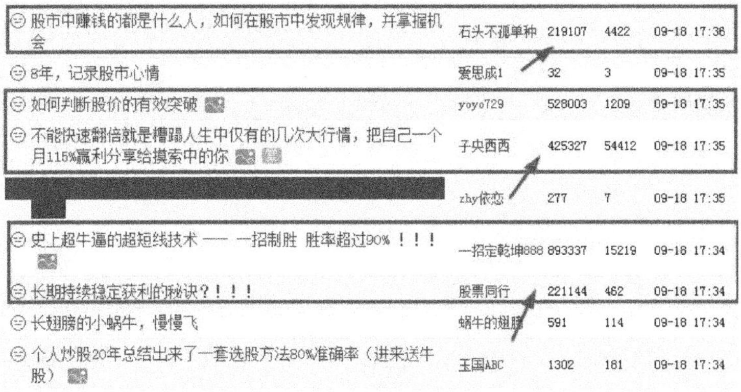

图 4-27　天涯股票板块

（4）互动形式　社交网络的优势在于实时互动，所以发布互动话题，可以调动用户的积极性。如图 4-28 所示是宝宝树管理员发布的互动帖。

图 4-28　宝宝树某圈子互动帖

（5）明星效应　明星的广告效应自然不用多说，所以引入明星的话题，不但会提高用户的点击量，还可以产生很好的广告效应。

例如：微微一笑很倾城，女主角的清爽派穿搭你学会了吗？

818《微微一笑很倾城》女主角时尚造型口红，靠这些撩到男神。

（6）惊悚标题　惊悚标题很容易引起用户的关注，第一时间给人一种震惊感，出于好奇心理大多数网友会一探究竟，所以在新闻标题中会常看到此类标题，如图 4-29 所示。

但是命名惊悚标题时需要恰当掌握惊悚度，否则会引起讹传。比如：“BB 霜含有重度汞，千万不要再乱用啦！”这样的标题容易产生误导，认为所有的 BB 霜都含有重度汞。惊悚标题要如何把握这个度呢？

如图 4-30 所示，在标题前面加入“道听途说”，这样对内容的真假并没有明确指明，用户因此会产生疑虑，该事件到底是真是假。

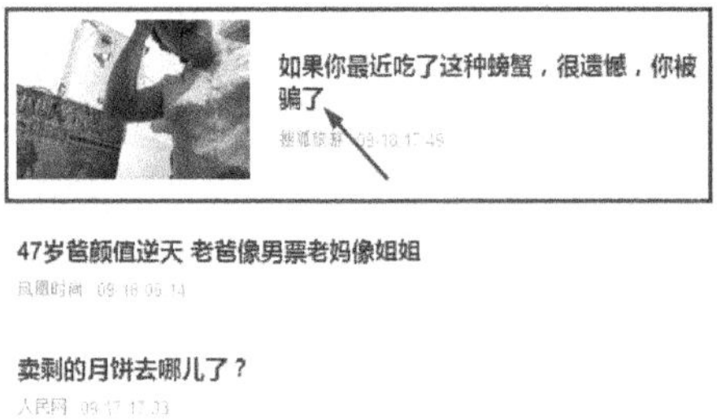

图 4-29　惊悚标题

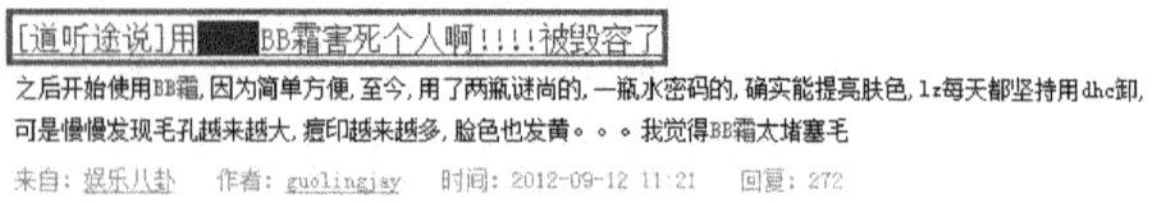

图 4-30　模棱两可式惊悚标题

如图 4-31 所示，“千万不要再……”这样的标题在微信朋友圈里会经常看到，乍一看以为自己原来做了多少错事似的，但是点击进去之后内容恰恰相反，是在描述它的好，这种自黑式惊悚标题也是一种艺术。

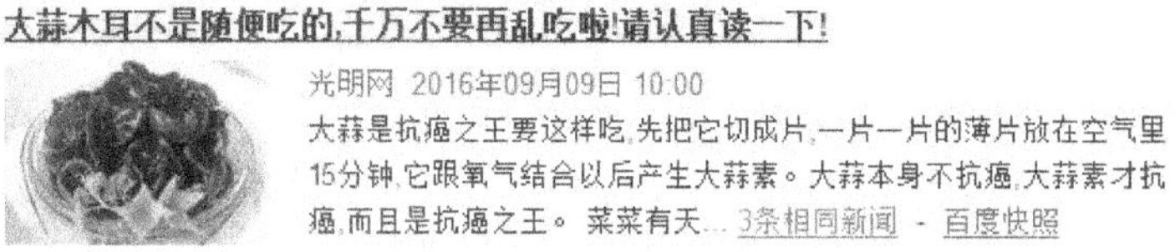

图 4-31　自黑式惊悚标题

所以在命名这类标题的时候，在没有确切依据时，又想达到惊悚效果，可以使用模棱两可的词语；如果内容本身并不惊悚，但是又想吸引用户，那就可以使用自黑式。

（7）两性话题　论坛上有很多诉说情感的用户，此类人群对两性话题比较敏感，如果你的目标用户是此类人群，可以在此类话题上下一些功夫。

如图 4-32 所示是天涯情感版块的部分帖子标题，该类帖子的点击量和阅读量都很高，说明此类文章符合网友的阅读心理。

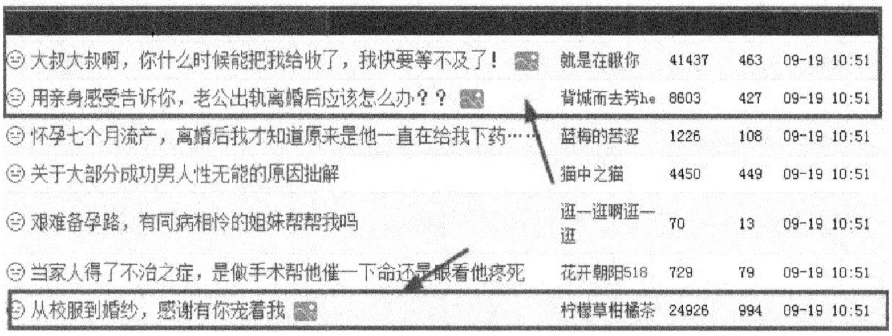

图 4-32　天涯情感版块部分帖子

（8）社会不平等　追求平等是每一个人的心理需求，当与他人产生差距或者受到不公正待遇时，放到社交网站上会引起用户的共愤心理，进而赢得网友的支持（或同情）。

如图 4-33 所示的帖子标题仅四个字“公理何在”，足以将遭受到不平等待遇的人揽入其中，其点击量和回复量远远高于本页的其他帖子。

以上介绍了八种撰贴的标题技巧，在实际运用中大家可以灵活掌握，比如有时候一个标题可能 2～3 种方式相结合撰写，以到达强烈吸引用户的效果。

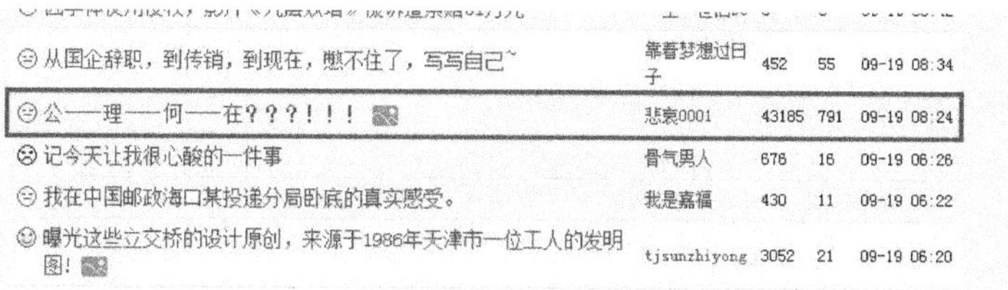

图 4-33　天涯实话实说版块部分帖子

二、内容编辑

一篇帖子或文章要想实现用户转化，除了起一个好的标题吸引用户外，优化正文内容也很重要。

（一）内容分三类：原创、伪原创、转载

（1）原创　自己直接写的文章或帖子，在网站上找不到相似或相同的文章或帖子，在发帖或写文章时原创内容是最好的方式，也是搜索引擎最容易收录的。

（2）伪原创　找来别人的原创文章，然后经过自身的修改和加工，添上自己独特的内容或见解，内容区别于原创，即为伪原创。这是目前网络上发布干货类帖子较多采用的方式。

（3）转载　就是直接复制别人的文章，不加修改就发布出去，和别人的文章一模一样。一般不建议选择这种方式，因为收录率过低，并且阅读数会被原创文章占去大部分。

如图 4-34 所示，现在微信公众号带有“原创”标识，如果是转载的内容标注了“原创”文章则很容易被删除，甚至封号等，重则会引起版权纠纷。

图 4-34　微信公众号原创文章

如果是转载文章，最好注明来源（见图 4-35），但是有些作者不允许转载，所以转载时一定要看看作者有无特别要求。

以上提及的原创和转载内容都比较好区分，但是伪原创就不那么好区分了，因为这些文章发布时不会标注原创或转载字样，用户没有办法辨明信息来源是否是编辑本人。所以，很多新闻、微信编辑者都会对他人的素材加以修改，成为伪原创，当然，有些编辑自己写的内容占比较大，在不易区分的情况下也会标注“原创”字样。

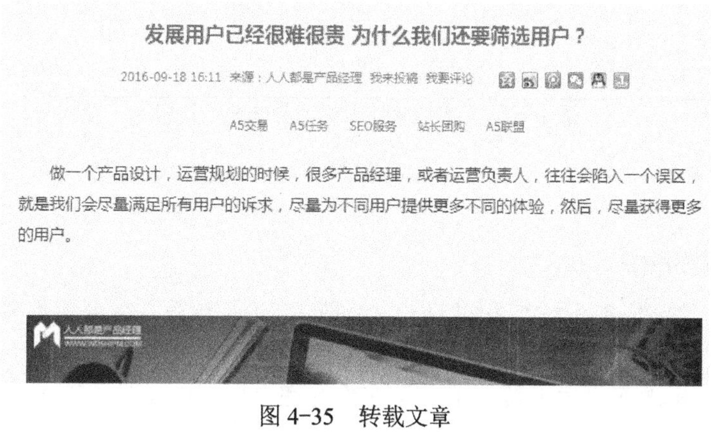

图 4-35　转载文章

那什么时候才会用到伪原创呢？如图 4-36 所示，一篇实用的技术帖，在百度搜索该帖标题，会发现很多类似的文章，如图 4-37 所示。

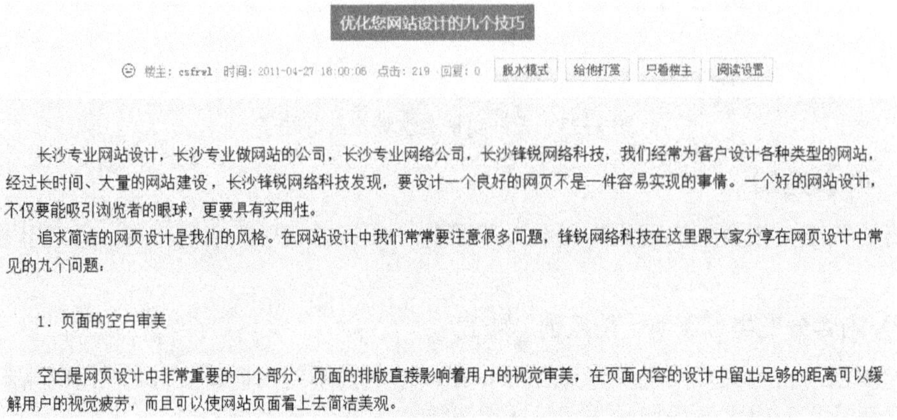

图 4-36　天涯职场某帖

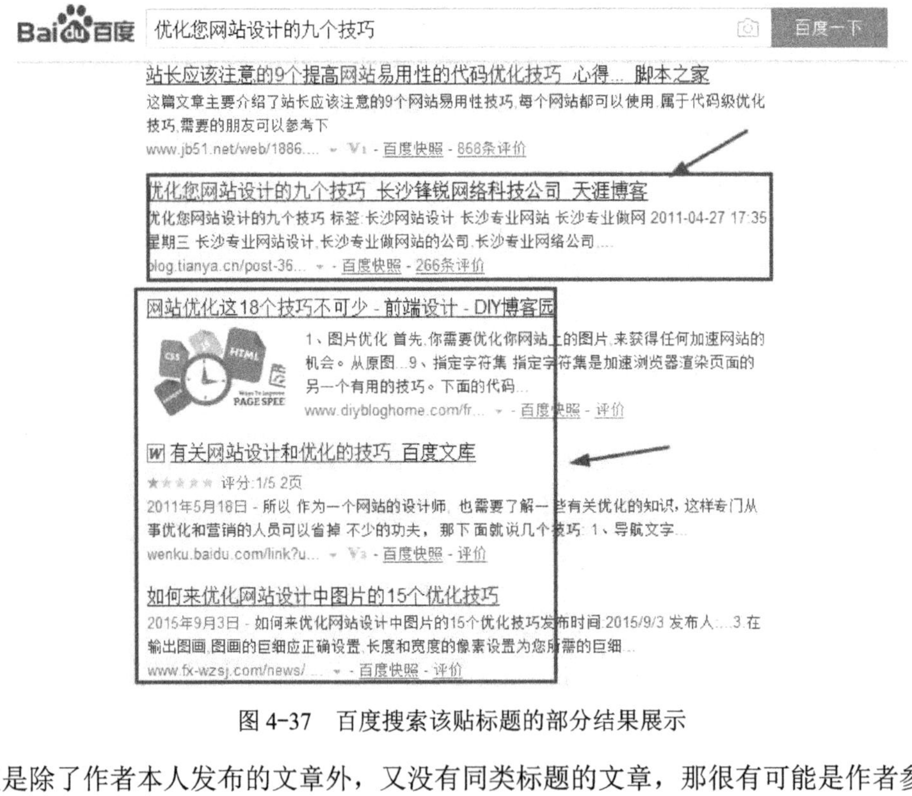

图 4-37　百度搜索该贴标题的部分结果展示

但是除了作者本人发布的文章外，又没有同类标题的文章，那很有可能是作者参考其他文章而改编的。一般时事热点、技能技巧、测评评论等类型的文章伪原创使用率较广。

（二）内容编辑技巧

首先定位一下要推出哪类文章是原创、伪原创，还是转载，转载就不多说了，如果是原创或者伪原创文章，那么需要掌握以下技巧：

1）把要写的标题在百度上搜一下，看有没有完全一样的，如果有就改，如果没有完全一样的为最佳。

比如一个销售便携式计算机的人，要写一篇有关便携式计算机选购指南的文章，那在命名标题时，可在百度搜索一下有没有同类文章（见图 4-38），标题不重复最好。

图 4-38　百度搜索的部分结果展示

2）第一段内容很重要，不管是原创还是伪原创，第一段内容尽量自己写，最好不同于原素材。

正文内容可以使用找来的素材文章，内容稍加修饰即可，但是第一段会被搜索引擎收录并展示在搜索结果页面，所以第一段尽量自己写。如图 4-39 所示，该帖第一段写明撰文原因，然后引入正文，很容易识别是否是作者本人写的。

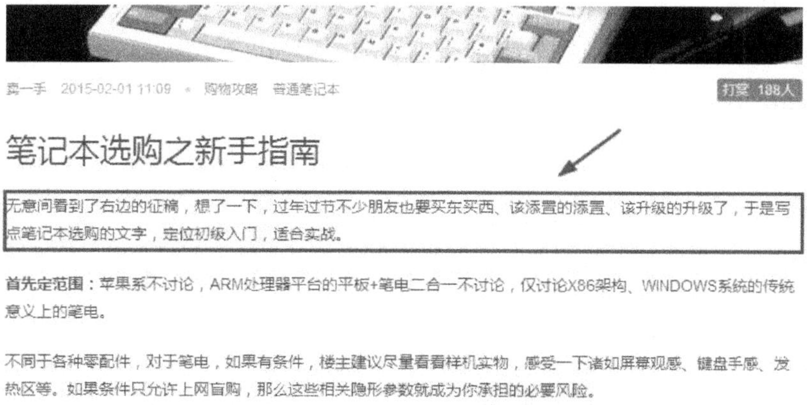

图 4-39　第一段写明撰文原因

3）最后一段尽量原创，对文章内容做出总结，这样有利于收尾和保证文章的整体性。如图 4-40 所示是上面文章（见图 4-39）的结尾，这样首尾呼应，更有整体性。

图 4-40　文章最后一段

4）图文并茂的模式可增强文章真实性。现在广大资深网民是很容易区分真实帖和水军帖的，所以为了增强文章的可读性和真实性，尽量配一些相关图片，做到“有图有真相”，如图 4-41 所示。并且图片最好是自己拍摄的，如果不是，也要稍作修改，尽量避免和他人的完全一样。

图 4-41　帖子配上图片增强真实性

5）评论性文章或帖子要体现客观性。文章如果写得比较主观，在不计其他因素影响的情况下，会给读者自卖自夸的感觉，不利于转载。所以，在体现产品价值时尽量站在读者的角度去写。

如图 4-42 所示，该帖在发表观点时，使用“相较于”“据记者调查了解”“记者注意到”等词语，让用户感觉更客观，更能接受。

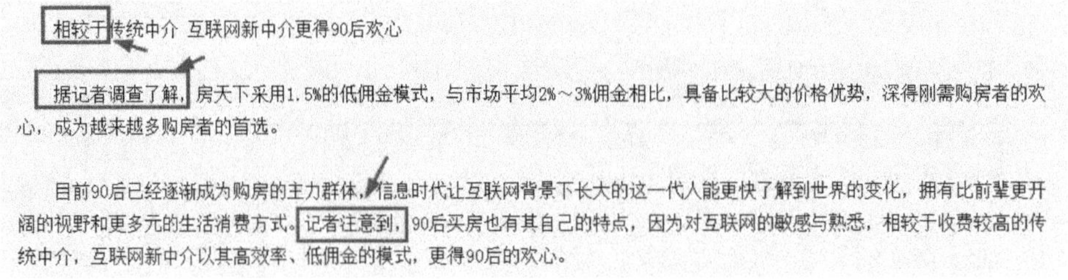

相较于传统中介 互联网新中介更得90后欢心

据记者调查了解，房天下采用1.5%的低佣金模式，与市场平均2%～3%佣金相比，具备比较大的价格优势，深得刚需购房者的欢心，成为越来越多购房者的首选。

目前90后已经逐渐成为购房的主力群体，信息时代让互联网背景下长大的这一代人能更快了解到世界的变化，拥有比前辈更开阔的视野和更多元的生活消费方式。记者注意到，90后买房也有其自己的特点，因为对互联网的敏感与熟悉，相较于收费较高的传统中介，互联网新中介以其高效率、低佣金的模式，更得90后的欢心。

图 4-42　采用第三方描述更显客观

6）文章内容能解决某些读者的疑问。这类文章大多运用在“干货”帖，让用户感觉这篇文章是有价值的，是对自己有用的。比如：“干货”让店铺提升十倍流量的三大技巧，用户点击进去阅读后便可了解这三个技巧，至于有没有提升店铺流量已是次要的了。

（三）内容排版技巧

文章好坏不仅体现在文字上，合理的排版布局会延长用户停留的时间，就像一个店铺，装修布局好，用户购物欲望便强烈，相反，如果店铺布局混乱，便没人愿意在此购物。

如图 4-43 所示排版布局合理，风格一致，给人感觉较好，而图 4-44 所示排版布局较差，风格不一，用户会因此而拒绝继续浏览。

图 4-43　页面排版

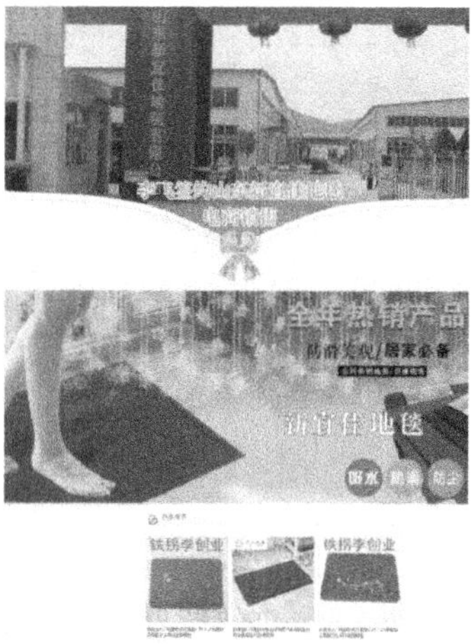

图 4-44　页面排版

文章内容排版非常重要，下面就介绍几个简单的论坛文章排版技巧：

（1）段与段之间空一行　在浏览文章时，如果出现大段文字或者段落密集，很容易让用户产生视觉疲劳感，但是段落之间空一行，会让人有一种跳跃感，用户不至于那么疲劳，如图 4-45 所示。

随着社会的发展，信用必被越来越多地广泛使用，其在我们生活中占有越来越重要的地位，这是必然。现在的信用卡，虽只是银行用来招揽顾客的一种手段，但这种手段是符合大众需求，符合社会发展趋势的。以后的信用卡，会包含越来越多的内容!

因此，对于信用的使用是一件好事，不能拒绝!

但为什么现在好多人排斥它呢?

主要是因为这个东西，太好了，太方便了。本来不想买的东西，一刷就买了，当时没动有形的人民币没有花钱的感觉，只有很爽很潇洒的得意!

就是因为这种感觉，就是因为现在口袋里没钱，或没有多余的钱，照样可以刷，于是就刷、刷、刷，账单一来傻眼 了! 但是下个月难耐这种感觉，于是又刷刷刷了……

于是大手大脚造成了、于是乱花钱造成了、于是还款期就傻眼了……　于是就成了卡奴了! !

也于是我们就对他说NO 了!

其实，关键原因是在你自己，而它只是一种工具，就像车子，有时出车祸，难道你就怪车子，只要大家能理性消费，信用卡绝对是好东西,下面就让小二我跟大家说说，我是怎样用的，如有说得不对的地方，或大家还有什么高招，那么再指点一下小二，谢谢! !

图 4-45　论坛版式

（2）图片居中　如果插入图片尤其是多图，图片要尽量设置为居中模式，这样当图片尺寸不一时，文章美观度不会受到太大影响，如图 4-46 所示。

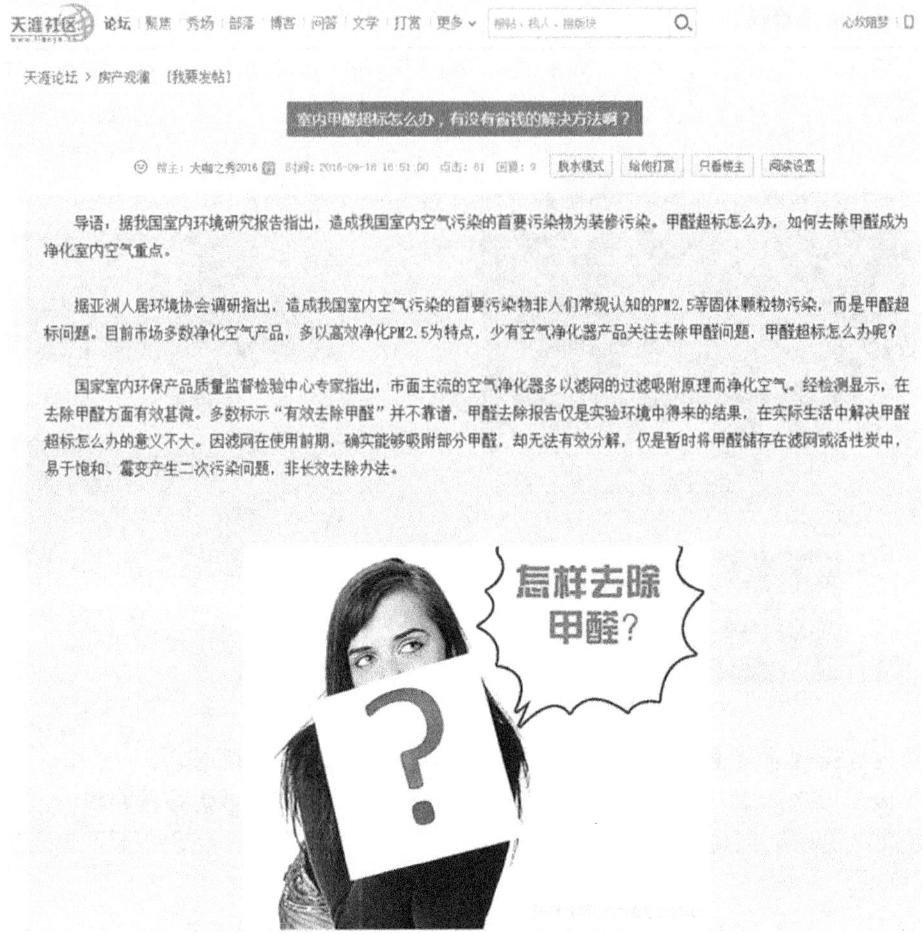
天涯社区 论坛 聚焦 秀场 部落 博客 问答 文学 打赏 更多

天涯论坛 > 房产观澜 [我要发帖]

室内甲醛超标怎么办，有没有省钱的解决方法啊？

楼主：大咖之秀2016 时间：2016-09-18 16:51:00 点击：61 回复：9 脱水模式 给他打赏 只看楼主 阅读设置

导语：据我国室内环境研究报告指出，造成我国室内空气污染的首要污染物为装修污染。甲醛超标怎么办，如何去除甲醛成为净化室内空气重点。

据亚洲人居环境协会调研指出，造成我国室内空气污染的首要污染物非人们常规认知的PM2.5等固体颗粒物污染，而是甲醛超标问题。目前市场多数净化空气产品，多以高效净化PM2.5为特点，少有空气净化器产品关注去除甲醛问题，甲醛超标怎么办呢？

国家室内环保产品质量监督检验中心专家指出，市面主流的空气净化器多以滤网的过滤吸附原理而净化空气。经检测显示，在去除甲醛方面有效甚微。多数标示“有效去除甲醛”并不靠谱，甲醛去除报告仅是实验环境中得来的结果，在实际生活中解决甲醛超标怎么办的意义不大。因滤网在使用前期，确实能够吸附部分甲醛，却无法有效分解，仅是暂时将甲醛储存在滤网或活性炭中，易于饱和、霉变产生二次污染问题，非长效去除办法。

图 4-46　图片居中

（3）设置字体、大小及颜色　设置字体、大小和颜色时需要根据发布平台的背景颜色等来进行设置，比如天涯默认是灰色的背景，那么文字颜色要是太花就会显得不太协调。有些页面是淡蓝色或淡黄色的背景，在排版布局时，最好不要设置过多的颜色，建议正文字体统一使用宋体或黑体，12～14 号，黑色，这样复制到发帖平台时，文章布局不会有过多的改变。

此外，最好不要使用翠黄、翠绿、翠紫等刺眼颜色，否则会看不清内容，而且跟大部分社交网站风格不搭，也不要使用超大字体，容易产生刷屏效果，不仅用户反感，吧主也会排查这些帖子。

三、发帖技巧

虽然每个论坛的管理规则是不一样的，但总体来说发帖也是有技巧的，掌握以下技巧，对发帖效果会起到推进作用。

（1）设置发帖“属性”　一般的社交网站尤其是论坛，都会划分不同的话题版块，所以在发帖时应该选择适合文章主题的版块，否则容易被吧主删帖，如图 4-47 所示。

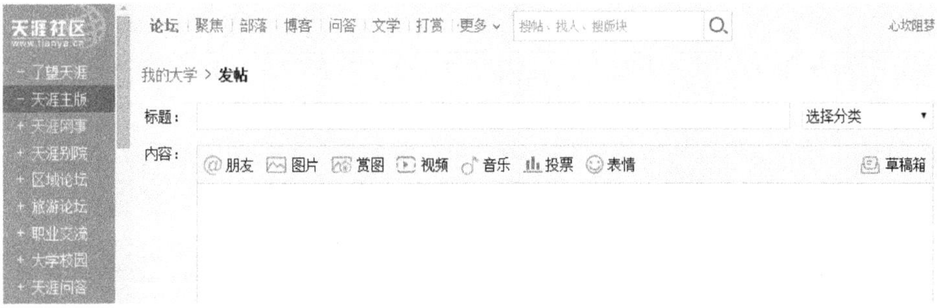

图 4-47　天涯发帖窗口

有些网站会有“标签”等比较细的设置项目，是为了更好地收录网站，此时发布者需要有一定的耐心，比如豆瓣发帖是设置标签的，如图 4-48 所示。

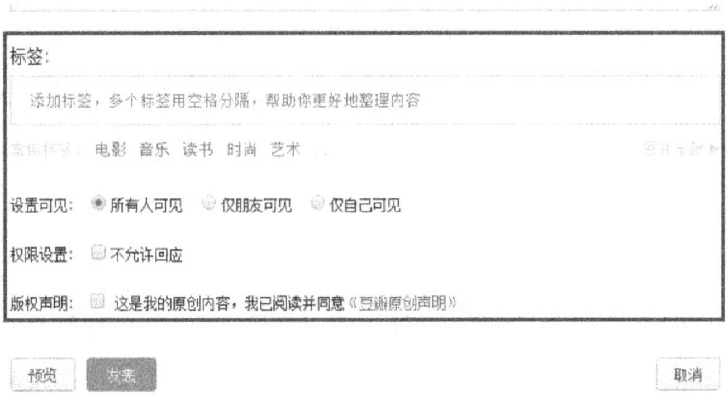

图 4-48　豆瓣发帖设置

（2）加插表情图片　玩过 QQ 和微信的用户应该知道，表情使用得当会带动对方的情绪，论坛也是如此，每个社交网站几乎都有自己的表情包（见图 4-19），在这些平台发布文章时，可以适当地使用该网站自带的表情，以增添文章趣味性。

但是选择表情时需要注意：不要一次放太多表情，也不要放太大的 GIF 格式图片，否则容易造成喧宾夺主的效果，还可能会破坏整体版面布局，使文章加载速度变慢。

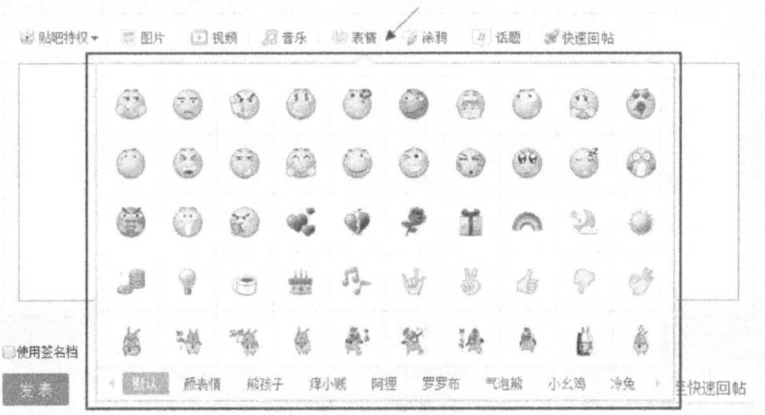

图 4-49　百度贴吧表情

（3）注意发帖时间　发帖目的是希望有网友来浏览，但是网友不是 24 小时在线的，所以一定要分析网友阅读时间，比如天涯发帖时间最好选择在晚上，网友晚上看文字帖更能静下心来。

如图 4-50 所示是天涯某版块的精品帖，可以看到点击和回复量较高的几个帖子的回帖时间都是 17 点至次日凌晨 1 点左右，说明该时段用户在线率较高。

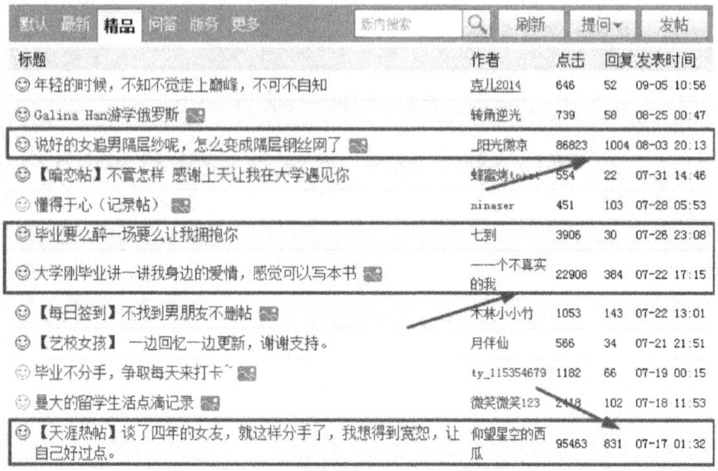

图 4-50　天涯精品帖

（4）服从网站管理　贴吧管理员最反感营销型帖，所以在发帖前需要留意该网站的管理风格，有些比较严，就不要有太明显的营销字眼，比如留下购买链接、电话、网址等，但如果管理相对松一些，可以适当加入广告字眼，做成图片的格式嵌入进去，删帖率会降低一些。

但是，不管哪个网站，一定不要使用敏感词、违法违规词等，如法轮功。如图 4-51 所示百度贴吧会对违规信息处理情况发出公示，同时也警示其他发帖用户。

图 4-51　百度贴吧违规帖处理公示

（5）留联系方式的方法　某些帖子如果不留联系方式便失去了发帖的意义，那么如果一定要留联系方式，可以从这几个地方入手：

1）昵称：可以设置为公司、品牌或产品关键词。

2）个人资料：在完善个人资料的时候可以把联系方式留下。

3）头像：可以做成含有联系方式的图片。

4）评论/留言：文章发布后可以留下联系方式，或者在回复置顶评论时留下联系方式。

5）文中：文中如果加入联系方式，不要出现数字，可以用大写数字。

6）结尾声明：此帖是出自……，更多请关注：……

以上这些方法可以参考使用，但是具体还需要看各社交网站的管理规则。

如图 4-52 所示该贴正文不留联系方式，而是引导跟帖者留下互动联系方式。而紧接着楼主自己回帖并在回帖内容里留下联系方式（见图 4-53），这样既保证了发帖效果，又巧妙地避开了论坛规则。

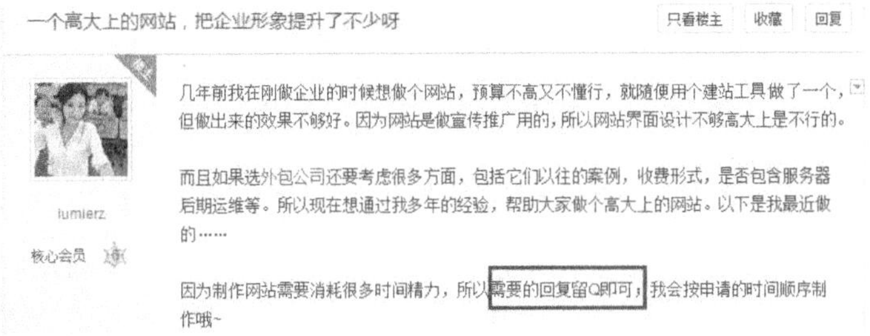

图 4-52　正文不留联系方式

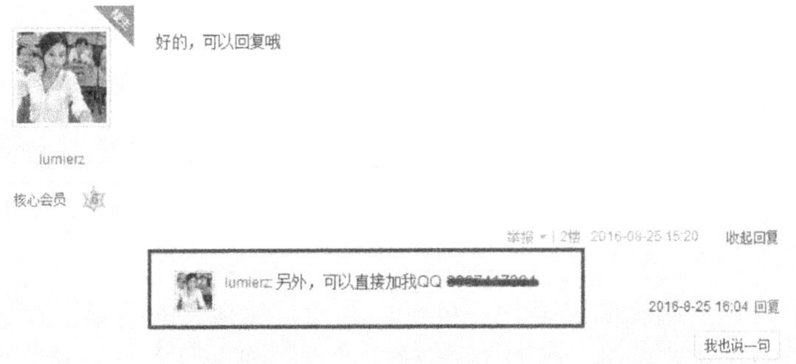

图 4-53　自己回复自己时留下联系方式

（6）发布时其他注意事项

1）已经发表了的帖子不要随便删除，这样做会降低账号在该网站的信誉度。

2）转贴的文章不要乱标“原创”，否则会被删除或者扣积分。

3）不要发未经处理过的广告帖，广告帖过于明显容易被删帖和封号。

4）加插图片应控制在 500 像素×500 像素（50KB 左右）以下，像素太大或品质太高都会影响网页打开速度。

5）要养成在发表前预览的习惯，因为这样可以在发表之前尽量避免出现一些诸如错字、漏字、排版、图片显示等问题。

6）多看论坛精华帖，一般精华帖不是论坛官方活动就是真的比较不错的帖子，多看别人的精华帖可以掌握论坛的发帖风格等，有助于更好地掌握该论坛发帖技巧，如图 4-54 所示。

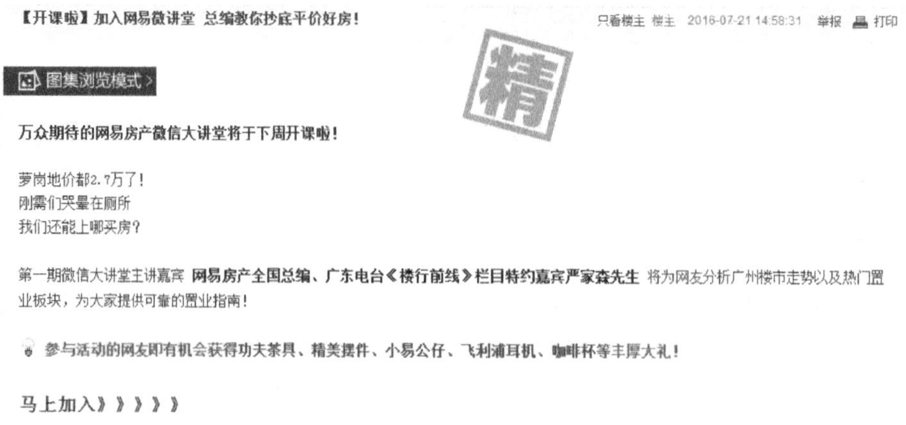

图 4-54　网易精华帖

模块四 社交互动推广

社交网络上互动（如跟帖、留言、评论、问答等）运用得当也可以成为很好的推广方式，尤其是百度知道和 360 问答，因为这两个网站本身就是搜索引擎，所以在这里提出的问题和回答很容易被收录。另外，其他知名社交网站对于搜索引擎的友好度还是很高的，比如天涯、知乎等，所以互动式推广是社交网站推广中必须掌握的一部分。

一、问答式

问答式就是你问我答的形式，一般是站在用户的角度去问去答的，这类方式比较受欢迎，这类社交平台有：百度知道、360 问答、知乎，以及部分社交网站。

（一）百度知道

百度知道是此类推广模式中最好的一种了，因为有其强大的搜索用户基础，所以在百度知道中提问，回答很容易被抓取。如图 4-55 所示“搜索同城快递哪个好？”可以直接找到百度知道页面，如图 4-56 所示。

在进行此类推广时，一定要注意不要做得太“水军”，不然提出的问题和回答也很容易被删除，如图 4-57 所示因问题标题过于广告化，所以会被认为违规而删除。

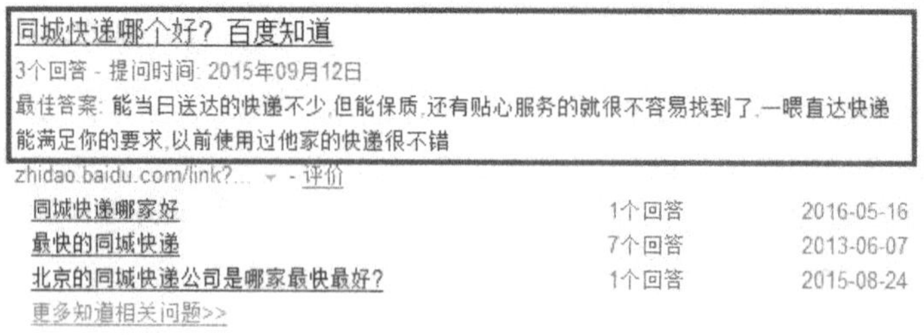

图 4-55　百度搜索部分结果

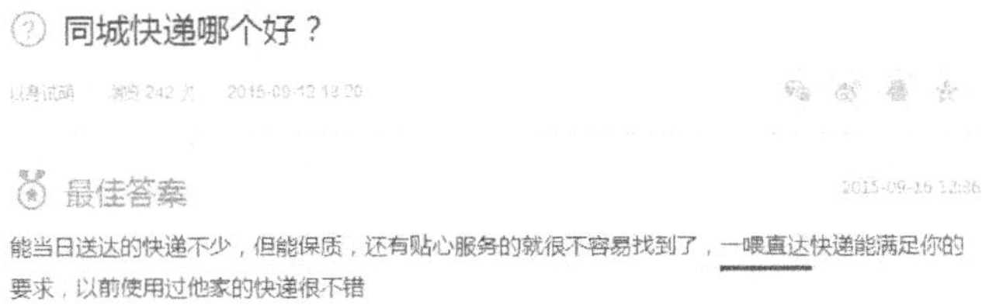

图 4-56　百度知道详情页

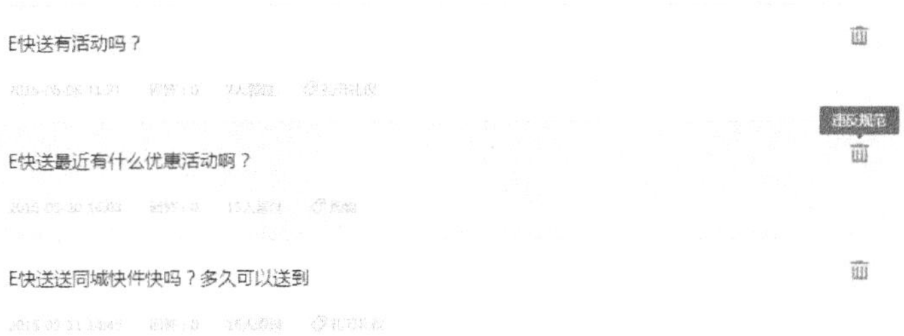

图 4-57　百度知道问题被删除

在进行百度知道推广时，要注意以下几点：

1）一定要注意使用多个不同的账号进行，比如一个账号发布问题，而其他账号回答（建议回答在 2 个以上）。

2）采纳回答不要过于着急，最好过一两天，这样比较真实且不容易被删除。

3）账号要时不时地去回答别人的问题，而不要只回答自己的问题，如果单纯是为了推广而推广，很容易被封号。

4）回答时要巧妙地嵌入推广目标，让用户自己找亮点。

（二）360 问答

360 问答和百度知道类似，也是可以借助 360 搜索的优势，将问答排名提升上去，如图 4-58 所示 360 搜索的部分结果，其中 360 问答排在第三（因为关键词近似度接近，所以百度知道排在前一位）。

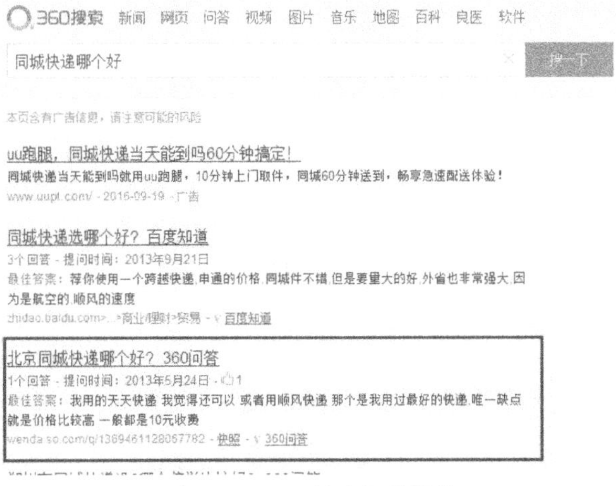

图 4-58　360 搜索部分结果

360 问答虽然好，但是相比较而言，360 问答的要求更加严格。比如用户可以随意提问，回答却需要一定级别或者专业能力，或者被邀请。如图 4-59 所示是发布的一个问题，下方显示悬赏、邀请、求助等模式吸引用户来解答。

图 4-59　360 问答提问

当然，在注册 360 账号时可以设置自己擅长的领域，这样 360 就会自动推送此类问题给你回答，你不用自己提问了，不过这样不能保证你的回答会被采纳。为了确保内容被采纳，也可以设置多个账号，并设置这些账号为同一类擅长领域，这样被邀请回答的概率就高了，如图 4-60 所示。

图 4-60　设置擅长领域

（三）知乎

知乎是知名的专业性问答平台，也是一个真实的网络问答社区，社区氛围很友好，里面有各行各业的精英，用户分享着彼此的专业知识、经验和见解，如图 4-61 所示。

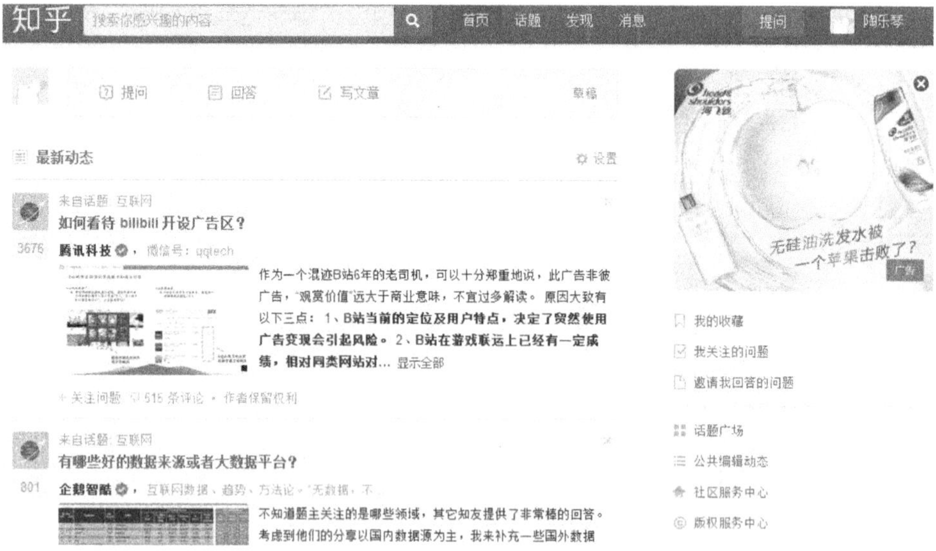

图 4-61　知乎个人首页

由于知乎的专业性，并且知乎管理比较严格，所以在这里做推广时一定要注意以下几点：

1）站在用户的角度提问或回答。这一点不难理解，社交网络基本都需要这样的角度。

2）账号的名称与使用是推广的关键，就像之前所说的一样，如果在发布时无法添加联系方式等，可以在账号上入手。

3）在话题之间建立连接的规则，选择能覆盖到你的产品的话题和重叠的部分。比如你是开网店的，就尽量选择电商、网店等相关问题来回答，如图 4-62 所示为知乎话题广场。

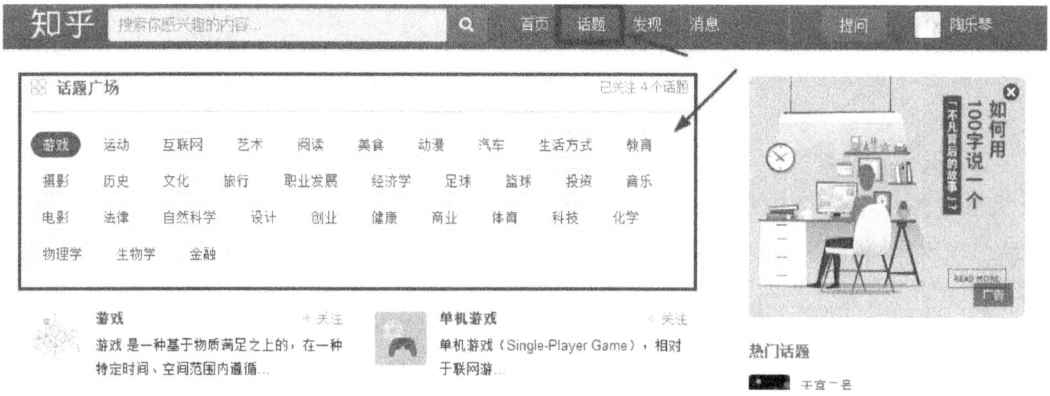

图 4-62　知乎话题广场

（四）其他

还有很多论坛、社区网站也都会有站内问答，基于其用户人群的分类，可以进行特定的问答推广。如图 4-63 所示宝宝树学问，这类问答推广比较有针对性，可以更深入地提问或回答，比如你问某品牌奶粉质量如何，儿童面霜哪个品牌好等，一般是不会被删除的，而且这些网站的用户人群很乐意比较。

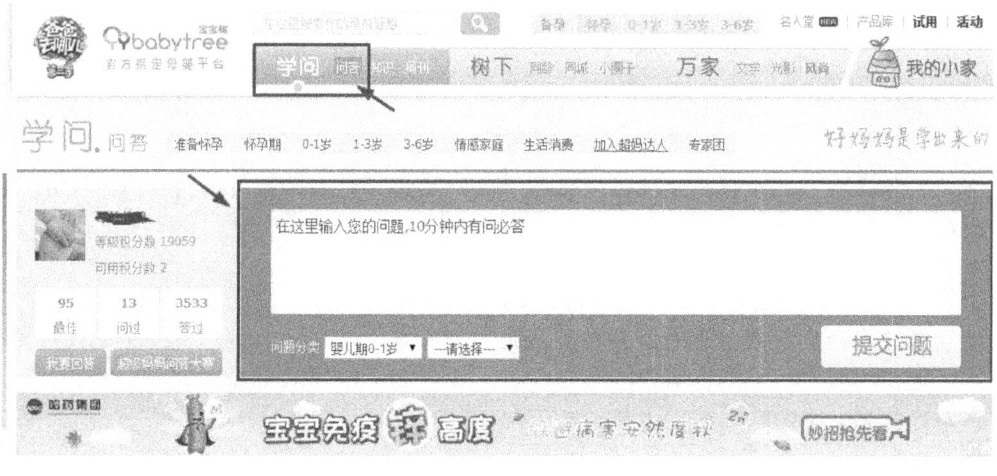

图 4-63　宝宝树问答

二、跟帖式

跟帖即回帖，也可以叫顶帖，就是对楼主的帖子进行回复（回帖、顶帖），回帖推广要尽可能排名靠前，比如第一个回复的“沙发”位是最好的。

（一）百度贴吧

有时候会发现百度贴吧发布营销主帖很容易被删除，但是对回帖却没那么严格，所以对于排名较靠前的主帐，可以进行跟帖式推广，如图 4-64 所示。

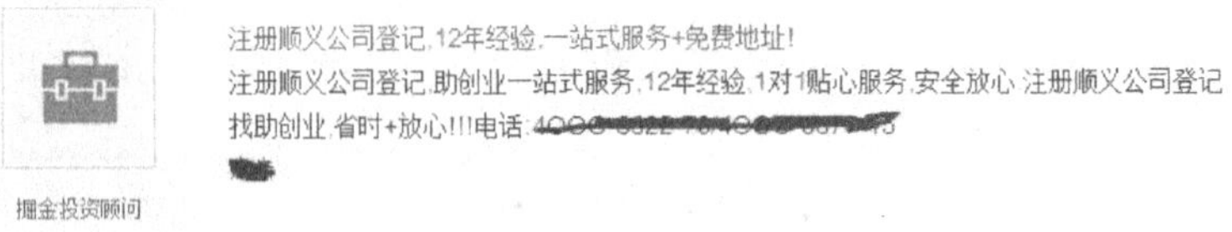

图 4-64　百度贴吧跟帖推广

（二）天涯、猫扑等

天涯、猫扑等论坛的优势在于它们有两个流量的入口：第一是网站内部的自然流量，这个是基于站内用户基数及用户活跃度的；第二是百度、360 等搜索引擎的流量，这两类流量都要掌握好。

如图 4-65 所示，当发完帖子后，借助百度搜索引擎搜索帖子标题，确定收录之后再回贴吧去顶帖，为什么要去顶帖，因为有很多人在发帖，不只你一个人，如果不及时把这篇帖子顶起来那么它就会沉下去，顶贴也是有技巧的，不是什么时候都去顶，要在上网高峰期去顶。一天有三个高峰时段，分别为早上 10:30—12:00、下午 2:30—5:30、晚上 8:00—10:00。

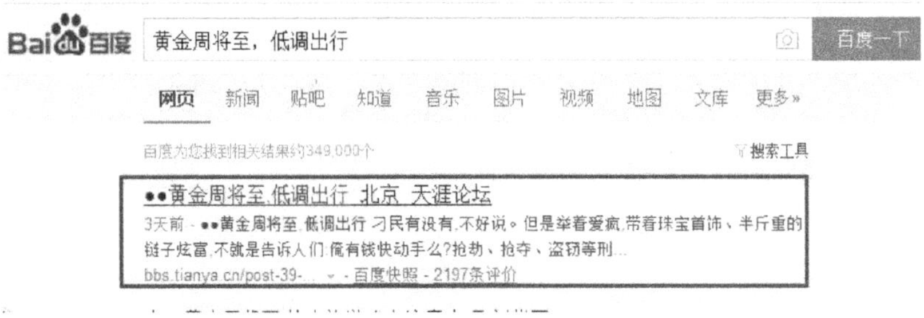

图 4-65　百度搜索帖子标题

（三）其他

除了大众性论坛，还有专业社区，企业可以根据自身产品和服务特点，找几个用户数量多、活跃度较高、对搜索引擎收录友好的社交网站进行跟帖式推广。

三、留言式

一般个性化社交网站上使用留言较多，比如人人网、开心网、脸书（Facebook）、QQ 空间、豆瓣等，这些网站里面有用户的个人主页，并且会不定期地更新内容，浏览者在进入页面时，可以在其发表的随笔或日志里留言。

（一）QQ 空间

QQ 空间伴随着 QQ 庞大的用户群体而受到很多微商、企业用户的青睐，所以 QQ 空间运用得好也能带来庞大的流量。如图 4-66 所示进入 QQ 空间点击留言板可以查看留言，如图 4-67 所示。

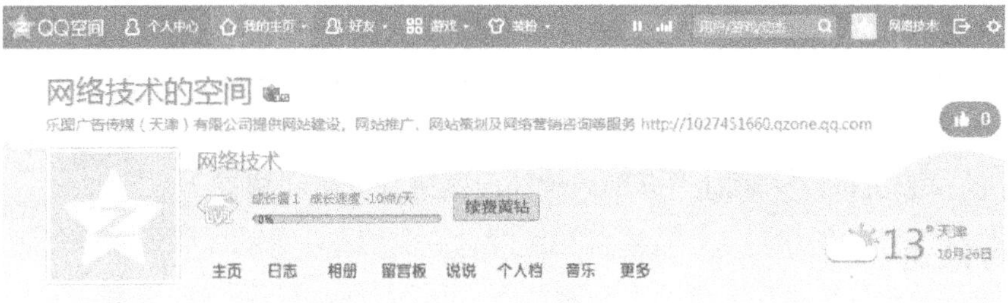

图 4-66　QQ 空间首页

图 4-67　QQ 空间留言（1）

QQ 空间留言的缺点就是回复时间不能保障，当别人有需求给你留言时，应该尽快处理，所以要不定期地查看自己的留言和在别人空间留言的回复，如图 4-68 所示是用户来访 QQ 空间发布的留言。

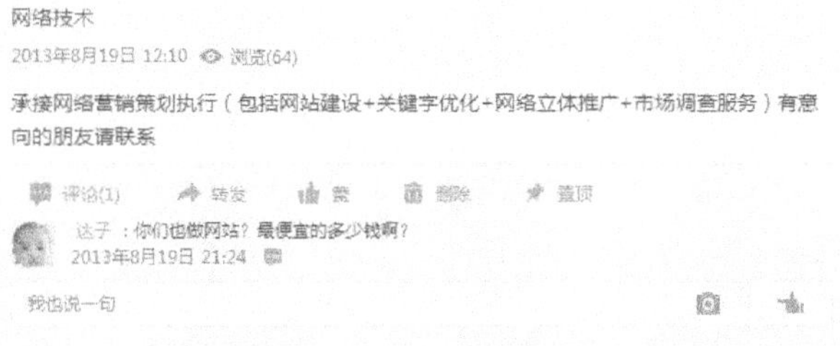

图 4-68　QQ 空间留言（2）

（二）豆瓣

豆瓣和人人网、QQ 空间有些相似，不过相对来说，用户群要文艺一些，所以在豆瓣上可以发布交流活动、读书会、买书等信息。如果你有一个活动需要推广，就可以在豆瓣上开启活动，同时为了吸引更多的人来参与，可在他们个人主页的留言板中留言，如图 4-69 所示。

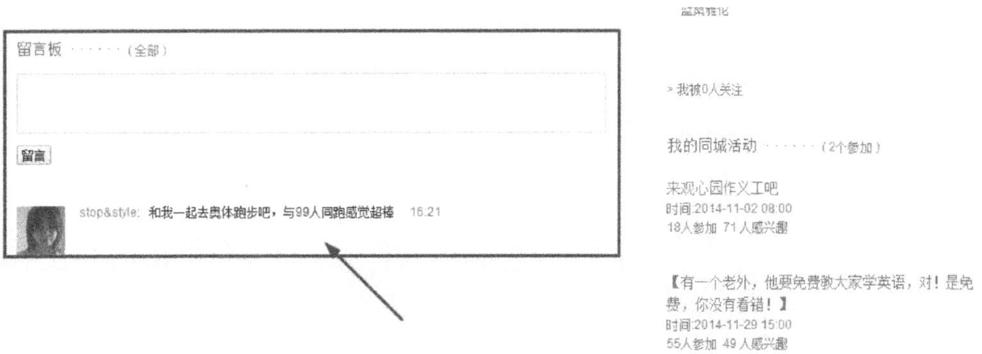

图 4-69　豆瓣留言

（三）其他

很多有个人主页的社交型网站，都有留言功能，留言式推广既可以提高对方空间的活跃度，还能建立较好的关系，但是留言推广切忌过于生硬，应以拉近关系为主。比如一个微商是卖化妆品的，那么可以先对对方近期遇到的问题进行分析和解答。

四、评论式

评论一般在比较大的新闻网、购物网等出现得比较多，其实评论跟留言或回帖有很多相似之处，只是各个站点的叫法不一样。在这里暂且将其定位为发表对某一客观事件、商品或人物的带有观点性的评价内容，如图 4-70 所示。

图 4-70　腾讯新闻评论

评论式推广可以依托平台强大的流量，对自己的产品进行免费推广，使用得当也是非常不错的推广方式。

UNIT 5

第五单元

即时通信推广

即时通信（Instant Messaging）是目前互联网上最为流行的通信方式，各种各样的即时通信软件也层出不穷，比如 QQ、微信、陌陌、阿里旺旺、钉钉等；服务提供商也提供了越来越丰富的通信服务功能，比如微信朋友圈、微信支付、QQ 聊天室等。毋庸置疑，互联网通信极大地改变了人们的沟通方式。

学习目标

1. 了解目前几种主流的即时通信工具。
2. 掌握即时通信工具展示设置技巧。
3. 掌握即时通信沟通技巧。
4. 掌握社交群管理技巧。

模块一 即时通信工具介绍

即时通信工具随着互联网时代的发展在不断地变化和完善，国内目前主流的即时通信工具有微信、QQ、阿里旺旺等，另外还有信鸽、人人桌面、YY 语音、飞信、陌陌、脉脉、钉钉等，很多即时通信工具是基于自身庞大的用户数量而建立的，比如人人桌面，建立了同学关系群体；阿里旺旺，帮助买家与卖家建立了联系。下面介绍目前几种主流的即时通信工具。

一、QQ

QQ 是深圳腾讯计算机通讯公司（港交所：00700）于 1999 年推出的一款免费的基于互联网的即时通信软件（IM）。用户可以使用 QQ 和好友进行交流，实现信息、图片或个人照片和文件的即时发送与接收，进行语音视频面对面聊天等，功能非常全面。此外 QQ 还具有与手机聊天、聊天室、点对点断点续传文件、共享文件、QQ 邮箱、网游、网络收藏夹、发送贺卡等功能。如图 5-1 所示是 QQ2016 轻聊版登录界面。

图 5-1　QQ2016 轻聊版登录界面

二、微信

微信是近几年用户发展最快的即时通信工具，至 2015 年第一季度末，微信每月活跃用户已达到 5.49 亿，覆盖超过 200 个国家和地区，企业拥有的微信号达 800 多万个，微信支付人数达到 4 亿多，在 APP 应用下载排行榜上排名一直靠前。

现在的微信功能非常强大，除了给好友发送语音、文字、表情、图片、视频、文件等；还可以分享照片、小视频、文章等到朋友圈；通过摇一摇、查看附近的人，可以认识新的朋友；使用扫一扫，可以扫描二维码实现页面跳转、支付、关注好友等；利用微信红包功能推广业务，可增加与好友的礼仪往来等（见图 5-2）；可以与公众号互动直接获得企业服务；还能够听唱、看新闻、设提醒；微信在手机、平板电脑、计算机、智能手表等平台上都可以使用，并提供多种语言界面。

图 5-2　微信红包功能

三、陌陌

陌陌是一款基于地理位置的移动社交工具。使用者可以通过陌陌认识附近的人，并发送文字消息、语音、照片以及精准的地理位置等，实现和身边的人更好地交流；还可以使用陌陌创建和加入附近的兴趣小组、附近活动、陌陌吧，并且可以留言。如图 5-3 所示陌陌主打陌生人社交。

图 5-3　陌陌主打陌生人社交

四、脉脉

脉脉是专业的行业交流平台，是一款利用科学算法为职场人打通人脉、打破行业壁垒、降低社交门槛、实现各行各业交流合作的职场社交 APP，如图 5-4 所示。脉脉主要覆盖互联网、金融、文化传媒、教育、房产建筑等行业，在行业交流合作、专业人才招聘、创新创业方面对于用户的吸引力很大。

图 5-4　脉脉可有效打通职场人脉

五、阿里旺旺

阿里旺旺是阿里巴巴专为天猫、淘宝、1688 批发等阿里体系开发的网上购物沟通软件，分为买家版和卖家版，卖家版可以帮助商家更好地与客户沟通，快捷进入店铺后台进行产品发布、信息管理、数据分析等，有助于商家及时把握每一次洽谈机会，随着移动网络的发展，阿里旺旺也可以在多个平台使用，如图 5-5 所示。

图 5-5　阿里旺旺各终端联动

模块二 即时通信工具展示设置技巧

随着即时通信工具的普及，即时通信推广也越来越受到重视，很多商家使用即时通信工具推广自己的产品（或服务）取得了很明显的效果，尤其是微商、新媒体等。本节主要以QQ为例，讲述即时通信工具（以下称“聊天工具”，这样更通俗一些）的推广技巧。

一、头像

聊天工具的头像是一种虚拟网络形象。最开始设计成卡通人物，后来随着各大聊天工具的技术升级，慢慢演变成可以由个人设计头像，可以是自己的相片、自己喜欢的明星人物等任何图片，一般为正方形，如图5-6所示。

但是作为推广用的QQ或其他聊天工具，就不能像普通用户那样设置头像了，推广用的聊天工具需要设置好的头像才可以让人产生信任感，这样才有利于企业的推广。一般来讲，头像最好真实些，那样对人有种吸引力，让别人看到有种想去了解的欲望。同时，聊天工具的头像要有特色，要正规、稳重，给人以信任感，突出亲和力，建议放置企业LOGO或名称做头像，切忌用那些幼稚低俗的头像，如图5-7所示。

图5-6 现在可自由设置头像

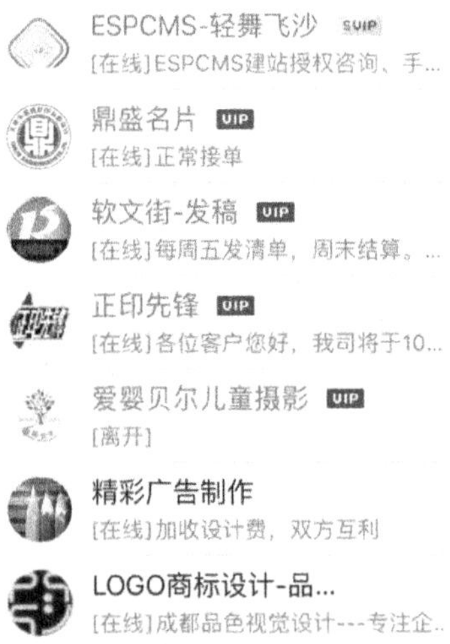

图5-7 将企业LOGO或名称设为头像

二、昵称

设置完头像之后，必然要给自己起一个网名，也就是“昵称”。聊天工具的昵称非常重要，尤其是在网上拓展业务，对方初次跟你认识时会先记住你的昵称，聊天工具的昵称是目前最流行的一种网名形式。

如图 5-8 所示，单击右图 QQ 窗口的头像后，弹出左侧的 QQ 资料，单击编辑资料，可以进入修改“昵称”的窗口，如图 5-9 所示。

图 5-8 “编辑资料”

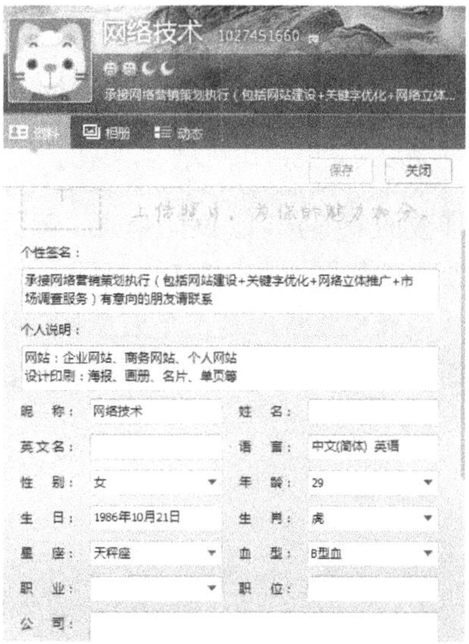

图 5-9 修改 QQ 资料

昵称的选择是由用户自己编辑的，但对于一个企业来讲，QQ 昵称一定要真实，如图 5-7 的 QQ 昵称就直接选用自己的公司名称，因为实名本身就象征着诚信，其次实名更容易记忆，有助于树立企业品牌形象，提升知名度。

三、个性签名

个性签名是 QQ 昵称下面那一行文字，在推广中非常重要，可以帮助用户对公司的近期状况有个简单的了解，如图 5-10 所示。

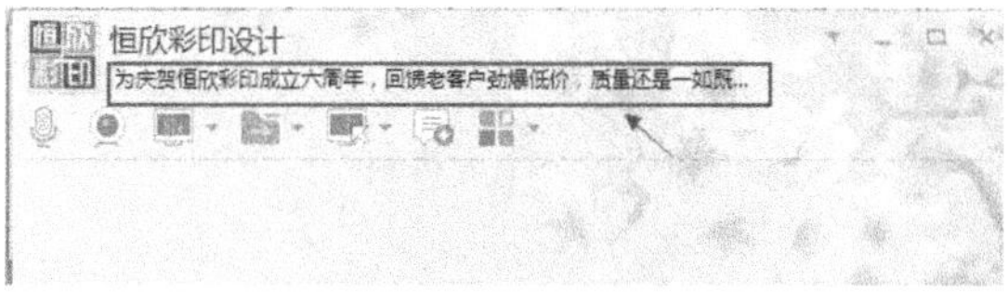

图 5-10 QQ 个性签名

个性签名可以是业务介绍，也可以是近期的促销活动、联系电话、服务承诺等，总之要以突显业务或服务为主，这样用户需要的时候才可以第一时间找到你并与你联系。

QQ 个性签名的修改方式比较简单，在聊天界面或者个人资料窗口都可以修改，如图 5-11、图 5-12 所示。当然，如果是用手机登录 QQ，在手机界面也可以修改。

个性签名之所以能这么简单地修改，是为了方便更新签名，让别人观看到最新状况、信息或心情等，吸引网友与你互动。

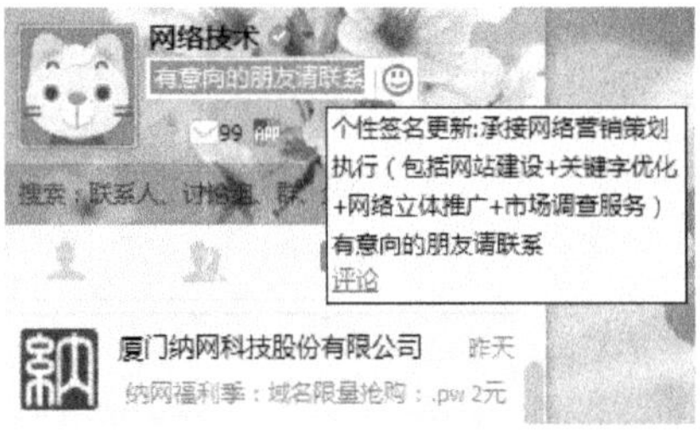

图 5-11　聊天界面修改 QQ 个性签名

图 5-12　个人资料页面修改 QQ 个性签名

四、个人资料

个人资料的内容越丰富越详细，给人的感觉就越真实可靠，而且我们还可以在里面放更细致的业务介绍、网站信息、微信公众号信息、微博信息等，如图 5-13 所示。个人资料的修改方法如图 5-8、图 5-9 所示。

需要注意的是，个人资料的语言也应该规范，不要用非主流元素，那样不仅不能有效传达信息，还会引起用户的反感，认为是黑客或不良用户，如图 5-14 所示。

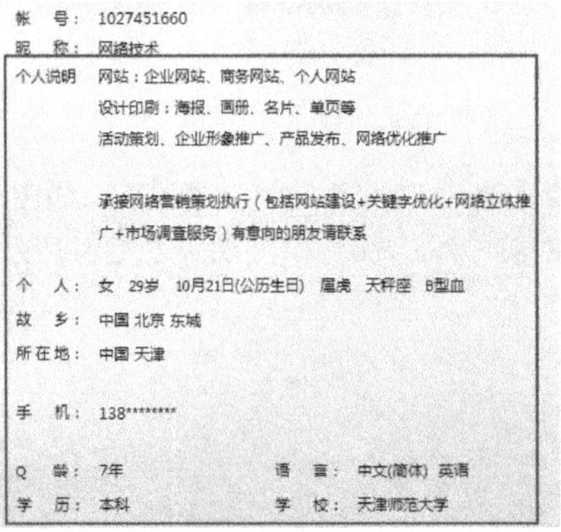

图 5-13　个人资料

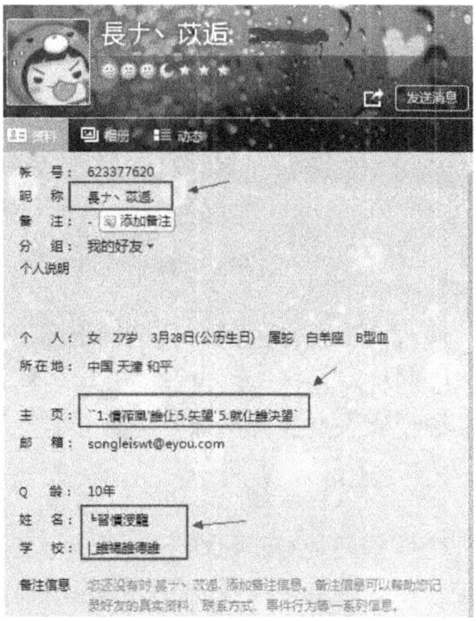

图 5-14　不规范的个人资料

五、QQ 空间

前面有讲到 QQ 空间互动式推广，就是进入别人的空间留言、评论等，而这里讲的是用户自身利用 QQ 空间进行推广的方式。

QQ 空间（Qzone）是腾讯公司 2005 年开发出来的一个个性空间，具有博客的功能。在 QQ 空间上可以书写日志、说说，上传图片，听音乐，写心情，通过多种方式展现自己。除此之外，用户还可进行个性化的设置，更能通过编写各种代码来打造个人主页，如图 5-15 所示。

图 5-15　功能强大的 QQ 空间

完善 QQ 空间资料有利于取得用户信任，并且可以对你或你的产品服务进行相关了解，如图 5-16 所示单击右上角“修改资料”可以进入修改页面。

图 5-16　右上角“修改资料”

在修改资料时需要完善并注意以下几点，这样才能更好地拓展业务。

（1）自我介绍　自我介绍要写一些吸引人的相关话题和网站地址。

（2）设置心情名片　这样在给好友空间留言的时候，便会呈现你的信息。

（3）经常更新日志内容　日志要与业务或产品相关，体现专业性。

使用 QQ 空间进行推广是基于 QQ 本身强大的用户数量，这也是用 QQ 空间做推广的一个重要前提。所以，我们要让自己拥有更多的人脉，也就是 QQ 好友，并让这些好友能及时收到我们的 QQ 动态，让他们看到我们的空间，这就需要我们在积累 QQ 好友的同时也提高自身 QQ 空间的人气。显然，基础的设置是不够的，我们还要注意以下两个方面：

1．在 QQ 空间中“伪装自己”

当 QQ 积累了大量意向客户后，不要过早地表明自己的推广意图，最好先发表能够让大家轻易接受的文章，比如原创或转载一些行业相关的文章、技巧等（见图 5-17），这样能引起读者的讨论和共鸣，如果这一点做好了，想必你和他也

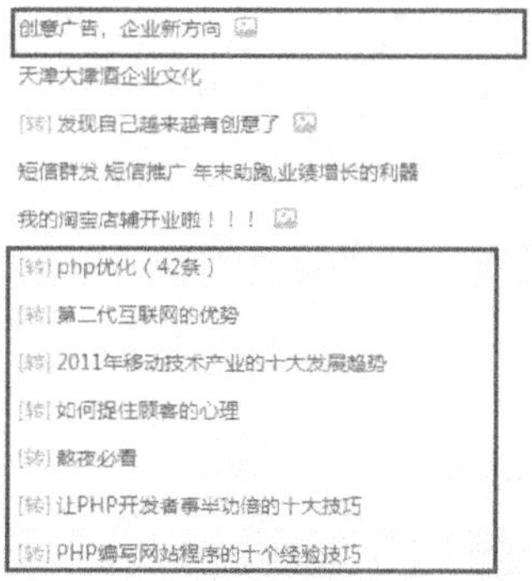

图 5-17　转发或原创一些行业相关文章发布在日志里

就成为朋友了，有了这个良好的基础，我想你推广自己的商品也不是太难的事情。在接下来的时间里，仍然不可以大肆地推广，最好表现得更日常化一点，不要引起别人反感，将你删除。

2．与 QQ 好友保持良好互动

QQ 空间推广其实和博客推广是一样的，就是要多去好友的空间看看，对他们的观点评论一下，对他们的心情关注一下，发展人脉关系可以让你获得更高的友好度，提高广告效应。另外，还要注意细节，比如空间首页设置、文章排版等，这些就是网络营销经常说的用户体验的问题。由于 QQ 空间的用户群体庞大，所以必须对 QQ 空间推广予以重视。

模块三 即时通信沟通技巧

即时通信工具的本质在于与用户的互动与交流，所以除了做足上述“面子工作”外，还要注重沟通技巧，良好的沟通技巧会助你取得事半功倍的效果。下面同样以 QQ 为列，介绍即时通信沟通所特有的技巧和注意事项。

一、采用文明用语

线上交流无法做到面对面，对方看不到我们说话的表情，所以我们要注意自己在打字时所传达出来的感觉。

（1）语言规范　每个人都希望自己受到尊重，所以聊天时要注意保持友好，不能让别人感觉受到轻视，多用“请”“谢谢”“您”等礼貌用语，才能更好地进行沟通。

（2）语气助词不要乱用　一些语气助词，比如“呵呵”“嗯”“哦”“啊”“呃”等要慎用。因为经过调查发现大部分人都不喜欢别人用“呵呵”“哦”这样的回复，显得过于敷衍，包括一些字母也要慎用，有些人不想打字就用简单的英文字母回复，比如“O”“en”等。

二、聊天字号字体设置

QQ 聊天时，默认的文字是 10 号黑色宋体字。但是有些朋友不喜欢默认字体，为了突出自己的个性，把聊天的字体换成网络上比较流行的字体，或是颜色调成大红等，如图 5-18 所示。如果是熟人交流，对方不会介意，但是如果是从事商业活动，大红大绿的文字在显示器当中会非常刺眼，建议还是使用默认的字体比较好。

如图 5-19 所示是 QQ 对话框字体设置，如果是朋友间聊天可以随意修改，但如果是商业交流尽量不要去修改。

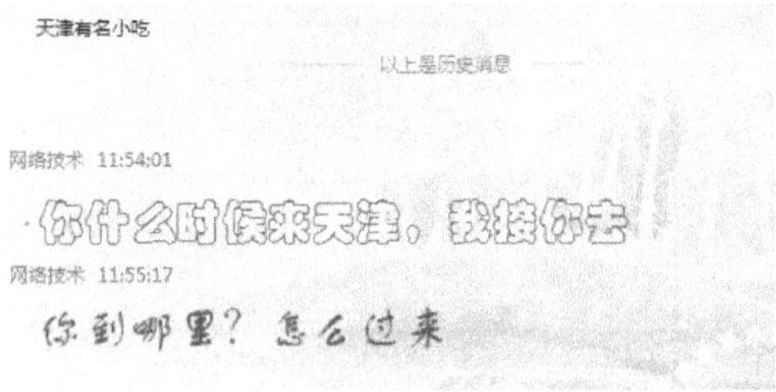

图 5-18　非默认字体

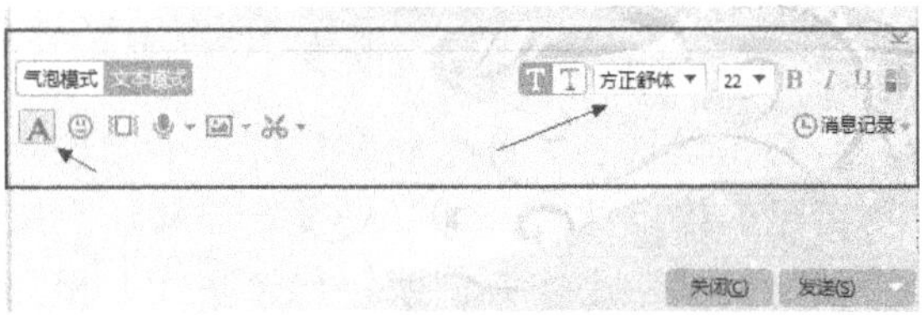

图 5-19　QQ 对话框中字体设置

三、称呼称谓莫乱用

我们面对的客户可能不尽相同，面对非常熟悉的老客户，我们可以稍微随意，显得亲近一些，但是也要切记不可居大。而面对新客户，最好不要用“小”字，如小王、小李等，这是上级对下级的称谓，显示对人不尊重，而要尽量称“经理”等职称。总之，要保持一种谦虚的态度，并且让对方感觉受到尊重，如图 5-20 所示。

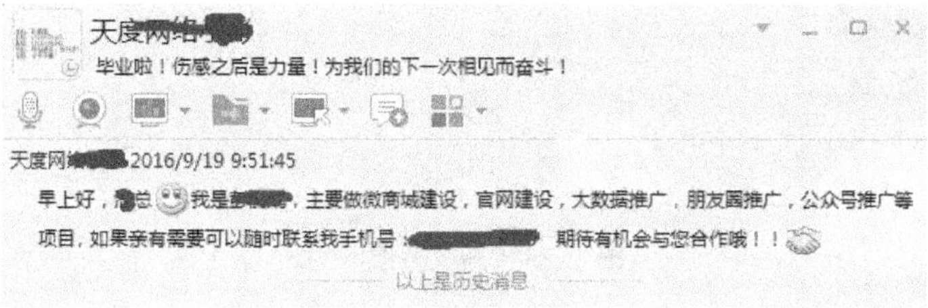

图 5-20　首次对话先问好

四、图片表情要慎发

表情是大家在聊天中最喜欢用的元素之一，一个恰当的表情能够起到调节关系、缓和气氛的作用。但是并不是所有的表情都有这样的功效，不恰当地使用表情，不仅会使人反感，使别人产生不愉快的心理感受，而且会降低自己的形象。所以大家在使用表情时尽量不要使用那些可能会引起别人抵触情绪、让人反感，或是降低自己形象的图片。比如一些过于色情、暴力的图片，或是非常低俗的图片，如图 5-21 所示。

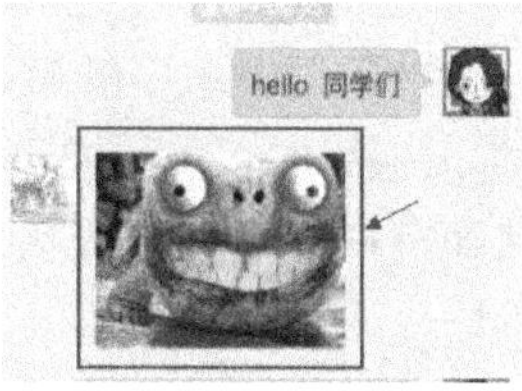

图 5-21　恐吓类表情图片

五、聊天速度要适当

在网络上交流，主要通过打字或语音进行，这就涉及聊天速度的问题。很多人都对自己的打字速度引以为傲，但是在 QQ 推广中，这并不是你炫耀的资本。当你的客户一分钟只能打 20 个字的时候，他刚打出一句话，但是你却连续打出了十句话，可以试想一下客户会有什么感受，他会产生强烈的压迫感，进而产生负面情绪。一般来讲，此时我们要迁就一下对方，本着“就慢不就快”的原则，防止对方跟不上我们的思路，使沟通产生障碍。

如图 5-22 所示，当对方不停地追问时，信息接收者看到时便不知道从哪里开始回答。所以，要注意聊天速度，等待对方回答后再进行下一个提问，这样既能全面了解，也能给对方留出充分的时间，不然一直提问，对方回答不过来就会只回答最后一个问题。

图 5-22　单方面追问

除了聊天速度外，还要注意提问与回答的技巧，作为一个解答者，在回答的过程中不能所有内容一次性全部告诉对方，应该一步一步地说，这样会让对方更明白，也会觉得你的服务很好。同时回复对方的速度要适中，不能过快，也不能过慢。如图 5-23 所示该淘宝客服与消费者对话不紧不慢，保持恰当的速度，回答也很有连贯性。

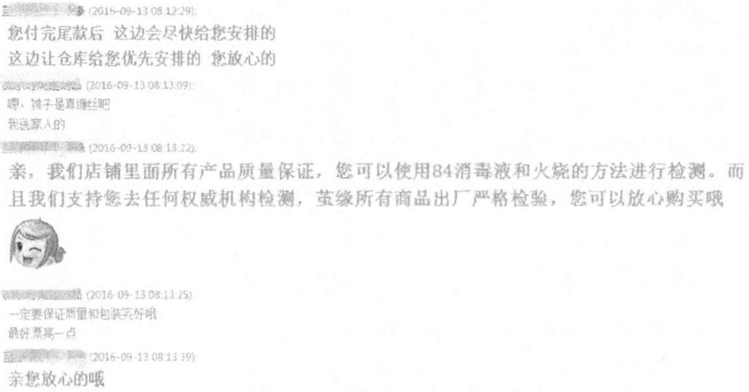

图 5-23　淘宝客服答话

六、沟通时机要找准

通过聊天软件沟通或推广时，时机的选择很重要，千万不要一上线不管什么时间段就大肆在线留言，问对方在不在。比如 22:00—次日 8:00，一般这是人们休息的时间段，此时人的精力、判断力处于一天当中的低谷，而且这个时间段是人情绪最低落、最容易与人发生矛盾的时候，如果不是很重要的事，就不要在这个时间段打扰别人。所以，在沟通的时候，尽量在工作的时间内解决，不要占用别人的私人时间，以免引起他人反感。当然，网上购物消费者先提问或其他用户先发言的情况除外，即使在这种情况下也不要他说一句你就没完没了地回复，这样也不恰当。

七、弹窗抖动莫乱发

很多急性子的人，喜欢在和朋友沟通的时候发抖动窗口，如图 5-24 所示。但是，在商业活动中，大家必须谨记，在交流过程中，不要随便发弹窗或是震动，这是非常不礼貌的行为。因为对方很有可能正在专心做一件事，不允许打扰，突然自动弹出窗口很容易让人反感，所以即使对方没有及时回复消息，也要先耐心等待，很可能对方正在忙不方便回复。

图 5-24　阿里旺旺聊天窗口的振屏

总之，在使用即时通信工具推广产品或服务时，需要着重掌握沟通技巧。在交流过程中，要多考虑对方的感受，多尊重对方，说服自己要有耐心，只有我们尊重别人，别人才能尊重我们，只有我们为别人着想，别人才能为我们着想，但是这并不是让我们一味忍让，无论在现实还是在网络中，我们在沟通中都要做到不卑不亢，无须过分谄媚，这样才能赢得客户的尊重。

模块四 社交群管理技巧

几乎每个聊天工具都有组群的功能，社交群是多人聊天交流的一个公众平台，可以邀请朋友或者有共同兴趣爱好的人到一个群里面聊天。有人聚集的地方就有商机，所以群推广被很多用户和企业重视起来，比如现在比较火热的群课程，如图 5-25 所示。

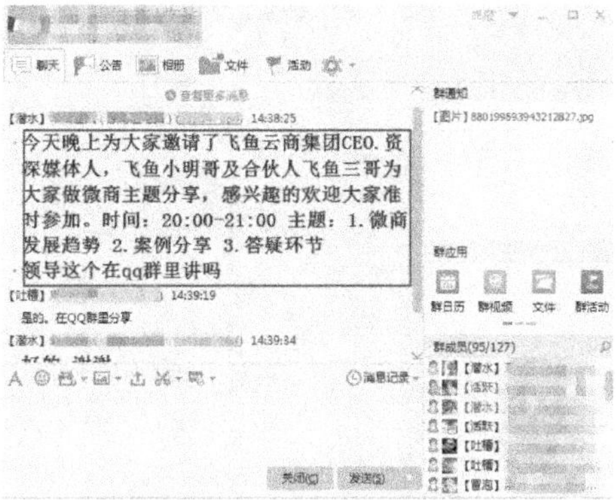

图 5-25　QQ 群课程

群主在创建群以后，除了在群内聊天，还可以在群中共享文件、视频聊天与对话等。那么如何使用群推广我们的业务呢？以下着重从 QQ 群和微信群来分析。

一、QQ 群

QQ 群推广一般分为两种，一种是建群推广（自己是群主），另一种是进群推广（成为群成员）。两种方式各有优势，都可以成为我们推广的窗口。

（一）建群推广

建群推广顾名思义就是需要自己建群，然后通过维护管理、组织话题等方式，引导群成员跟着你的方向走，并最终实现推广目标。

（1）确定群主题　建群不是随便把好友拉在一起组成一个群就好了，我们需要先对建一个什么样的群有一个定位，如图 5-26 所示。比如是销售化妆品的，可以建忠实用户群、优惠打折信息群或者化妆品选购知识群，总之，要对群有一个定位，让用户感觉到这个群的价值，同时也方便日后管理、维护，这样群用户就不会轻易地退群了。

（2）创建群　确定想建一个什么样的群之后，就可以开始建群了。首先登录 QQ，切换到群界面，在右上角单击“创建”下拉按钮，选择“创建群”选项，如图 5-27 所示。

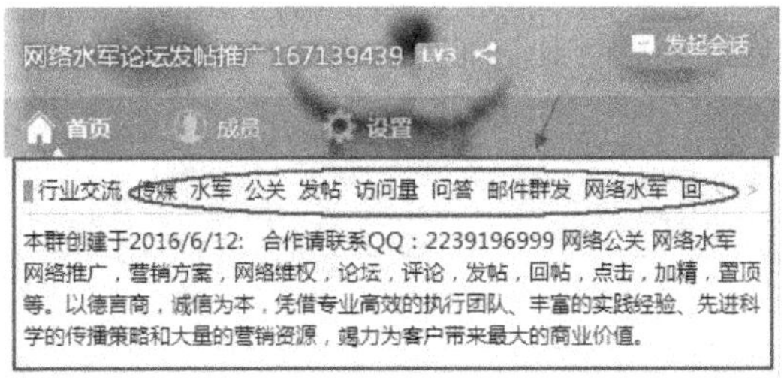

图 5-26　QQ 群定位及相关介绍

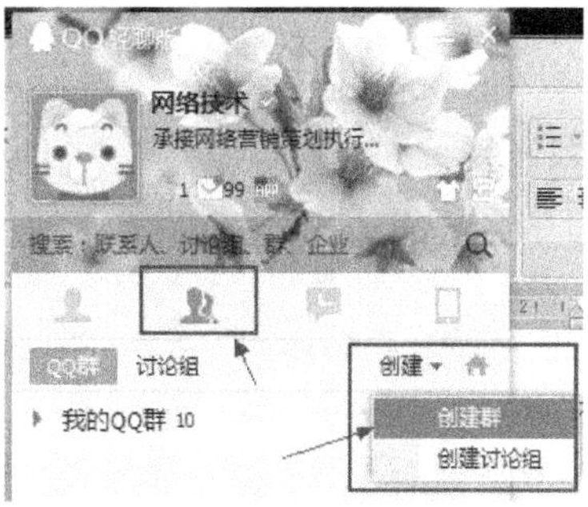

图 5-27　创建群

单击后，弹出创建群的引导页面，按步骤完善即可，如图 5-28 所示选择群类别。

选择群类别后，就需要设置群名称、群规模等，如图 5-29 所示。

图 5-28　选择群类别

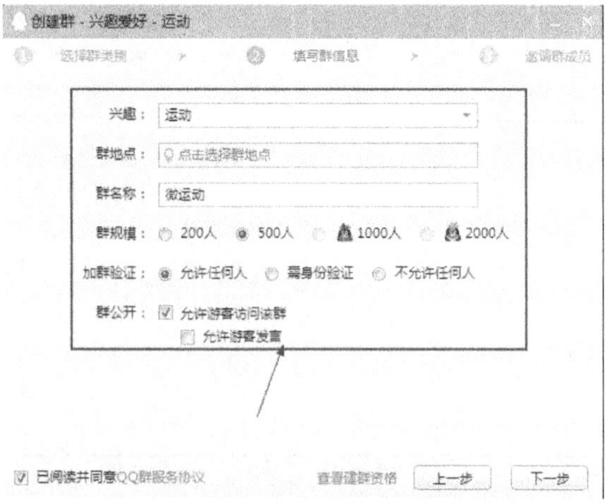

图 5-29　设置群名称、规模等

接下来就是选择群成员（见图 5-30），这里一定要注意，不要随意添加人员，要根据群定位，选择相关的人，否则成立之初有人退出，会使得其他成员也相继退出。

选择群成员后，单击“完成”按钮，就会提示创建成功，如图 5-31 所示。

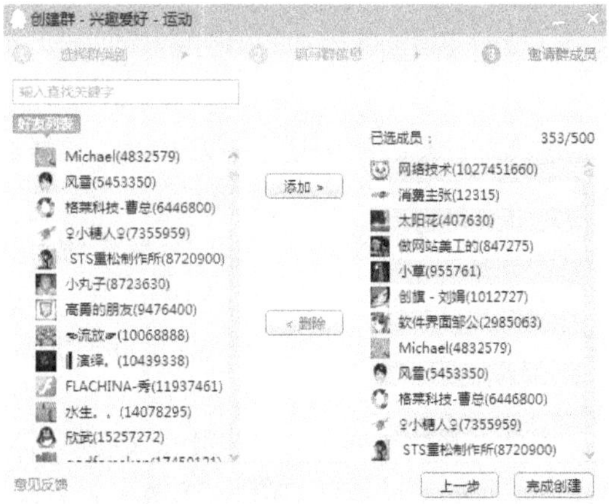

图 5-30　选择群成员

图 5-31　成功创建群

这个时候你会收到 QQ 发来的消息，提示创建成功，可以开始推广群了，如图 5-32 所示。这时，返回 QQ 群窗口，便可以看到该群了，如图 5-33 所示。

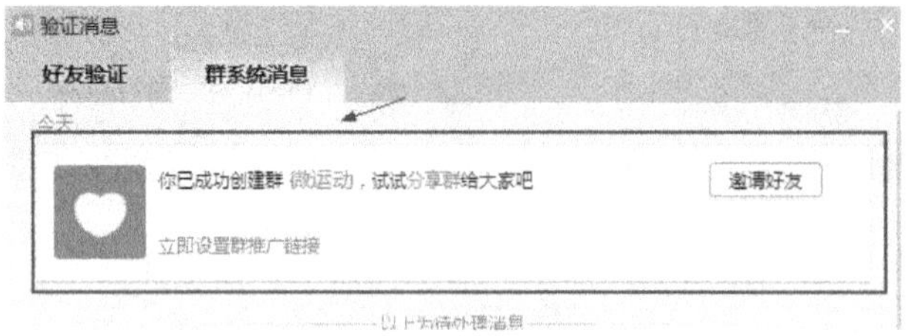

图 5-32　QQ 群消息

图 5-33　新建立的群

（3）创建讨论组　利用同样的方法，还可以创建讨论组，如图 5-34 所示。

讨论组和群是有区别的，讨论组最多只能加 50 个好友（见图 5-35），如果你的好友数量巨大，就需要建很多讨论组，比较麻烦，所以当人数超过 50 时应该建 QQ 群（因 QQ 软件版本问题，讨论组功能的名称和上限人数会有不同）。

图 5-34　创建讨论组

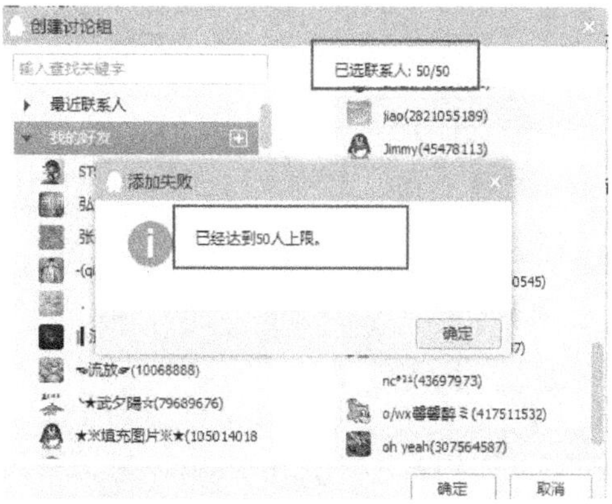

图 5-35　讨论组上限 50 人

讨论组的优势在于不限制对方是否在你的好友名单里，只要出现在你的 QQ 上，都可以加进去，而且是强制弹窗的，也就是说对方如果上线就能收到，高效便捷。如图 5-36 所示，QQ 群里的陌生人也可以成为你的讨论组成员。

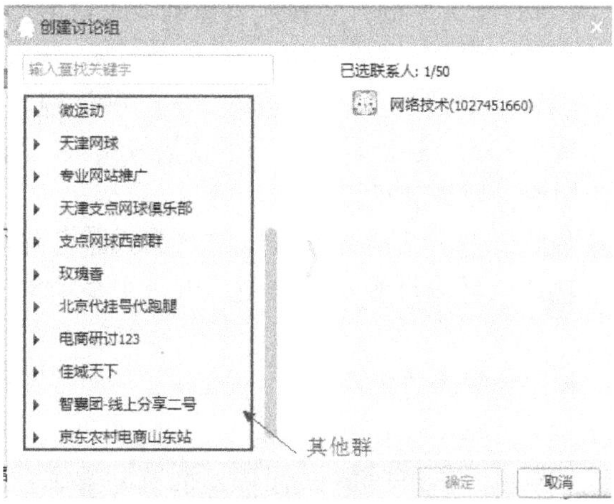

图 5-36　QQ 群里的陌生人也可以加入讨论组

（二）加群推广

加群推广的方式由于自己不是群主，所以此类推广比较被动，但是大部分群推广都是加群推广，因为自己的好友有限，加群可以让别人的群为我们所用，因此掌握加群技巧及推广技巧尤为重要。

（1）QQ 群搜集　既然是加群推广，首先肯定是要搜索群了，这就需要明确目标客户，哪些人会关注你的产品，想清楚之后，再搜索加群。打开 QQ 对话框，单击下端“查找”，弹出“查找”窗口，单击“找群”，输入关键词，就会搜索出相关的 QQ 群，如图 5-37 所示。

图 5-37　QQ 群搜索

除了在 QQ 中搜索群，还可以到一些专门的论坛去搜集 QQ 群，比如说到减肥论坛搜集减肥方面的群，到美容论坛搜集美容方面的群等，总之与业务相关的群都可以申请加入。

（2）加入 QQ 群　当我们搜集到目标 QQ 群之后，就要加入该群并进行产品或服务的推广，但是有些群主管理比较严格，所以加群也需要有一定的技巧。

1）加群之前应该先把自己的个人信息完善一下，同时申请加群的验证信息一定要诚恳真实，这样更能获得群主的信任。

2）当进入群之后，先进行新人报到，并按照群里的要求换上群名片，这时一定不要先直接上广告，不然很快就会被踢出去。

3）前几天先给大家问好，问好时可以放低姿态请教一些问题，但不要连续发问，要给大家一定的反馈时间，争取引起大家注意，最好和群主搞好关系，当上管理员，把自己打造成为在群里受人尊重的专家级人物或者积极分子。

4）把自己的个性签名换一下，换成想要推广的产品或服务信息，同时在群里交流发广告时，一定要“软”，软到让群成员看不出来是广告，用最简单的话，表达出产品的诉求点。

总之，加入 QQ 群之后，一定要“先建感情，后推广”，而且发布广告应本着“少而精”的原则，重复的内容最多一天发送一次，并且要做到在聊天或者分享经验心得的同时植入广告，同时利用 QQ 群当中的公告、共享、空间、相册等进行产品推广，比如我们在发群公告时，可以上传 9 张正方形图片，此时可在每张图片中输入一则文字广告来进行推广，同时可以发布一些招聘广告，如图 5-38 所示。

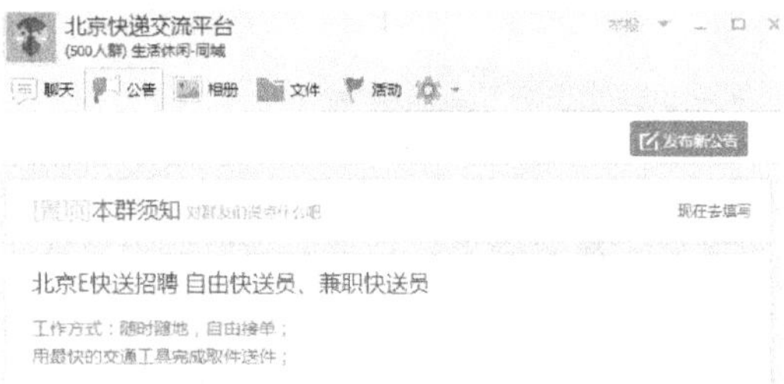

图 5-38　QQ 群公告

（三）群消息推广

不管是建群推广还是加群推广，我们的目的都是希望可以借此推广我们的产品或服务，现在群推广主要靠信息发布和交流互动来进行，以下介绍 QQ 群消息推广的方法。

（1）手动发布　进入群之后，逐一去发送消息。因为有些人是屏蔽群消息的，所以这种方法保证了对方能收到消息，但是，手动发布工作量会比较大，如图 5-39 所示。

（2）QQ 消息群发器　QQ 消息群发器是指专门用于 QQ 发送批量信息的一种计算机软件，QQ 群发软件大大节约了网络营销者的时间，是网络营销不可缺少的利器。但是大量发布相同的消息给不同的 QQ 用户，会被腾讯查处封号，手动解封后才可以使用 QQ，如果发送的是非法消息，那么该 QQ 号会被永久封停，所以，我们要慎用该方式。

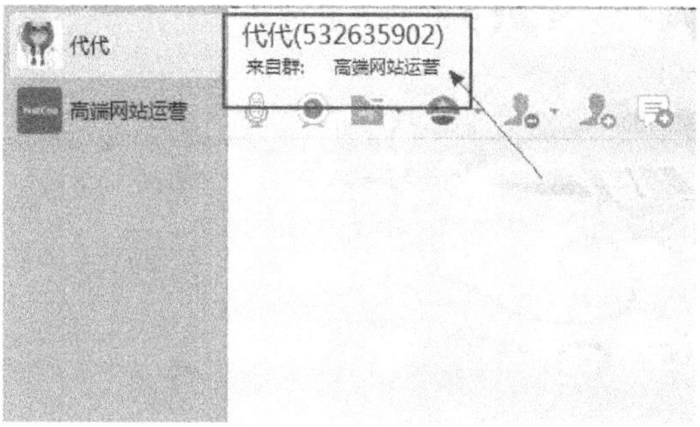

图 5-39　对群成员单独发信息

（3）QQ 群邮箱　QQ 群的各项工具都是进行推广的利器，但是 QQ 群邮箱无疑是最常用的一个。QQ 邮箱用户群体庞大，通过群邮件发出去的邮件也会被大部分人所接收。那么，QQ 群邮箱发送邮件又该注意什么呢？

1）我们需要多注册几个 QQ 号，然后加群，加群数最好在 20 个以上，总成员不低于 1000 个，越多越好，之前已经说过如何加群，在此不做过多赘述。待加完群之后，我们要准备宣传资料，这也是我们利用 QQ 群邮件推广的最重要的一步。资料当中应尽可能少地体现广告，并且以满足用户需求为主，研究用户需求要在宣传材料上体现出来。

2）邮件内容准备好之后，就可以开始发群邮件了。但是发邮件的时候我们要注意不能一直“复制”“粘贴”“发送”。QQ 群邮箱对广告宣传有屏蔽功能，如果不停地发送同样内容，会禁止你发送。所以在发送邮件的时候，每发一篇都要对内容稍加更改，并且每封邮件都要使用不同的标题，但是不要脱离宣传材料主题。每发送一封，停一会儿，可以在群里聊聊天，在群里提醒一下群成员查看群邮件，然后再接着发送。如图 5-40 所示选择要发送的 QQ 群。

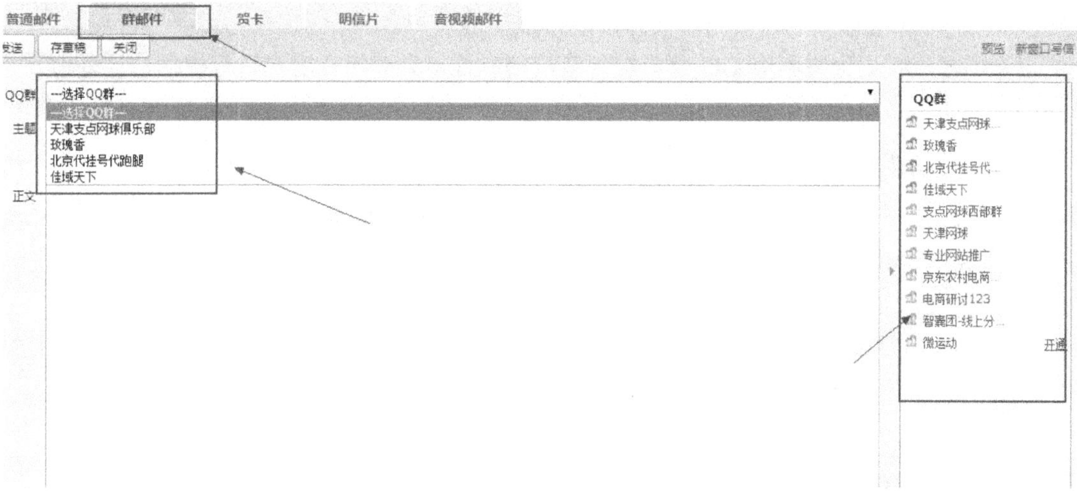

图 5-40　选择要发送的 QQ 群

3）发完邮件可以查看一下是否发送成功，但是发送成功并不代表完成了推广，一定要注意“维护”，要坚持定期发送，不要太频繁，隔几天发一次即可。最主要的是 QQ 群邮件有评论功能，你可以进行“评论”，每评论一条相当于邮件更新一次，只有长期坚持，才能获得推广成效，如图 5-41 所示 QQ 群广告邮件。

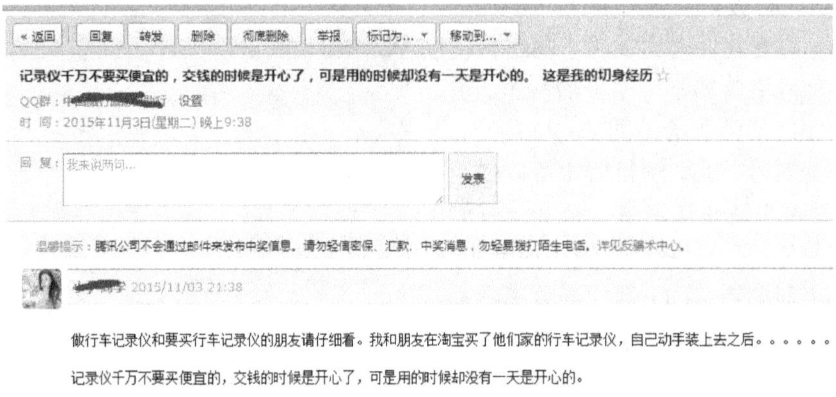

图 5-41　QQ 群广告邮件

（四）群推广注意事项

1）上面讲述了群推广的几种方法，但针对不同的人，要采取不同的方法。比如，群发给自己的 QQ 好友时，不能发一些纯广告信息，毕竟是自己的好友，你可以发一些软文之类的，这样效果才会比较理想。

2）如果群发的是所有在线用户，则不需要将用户添加到 QQ 好友列表，直接发送即可，可以发送产品宣传、供求信息，甚至网址，但也要把握好分寸，不要引起反感。

3）不是所有的产品都适合 QQ 群推广，一般来讲，一些简单、明确、针对性强的产品是非常适合 QQ 群推广的，而且在推广过程中一定要注意通过群指导用户使用产品，对现有客户进行维护，增强感情，因为他们很有可能带来新的客户。

4）同时，我们也要利用 QQ 群来提高客户的黏性，并对潜在客户进行挖掘，让老客户重复消费。QQ 群推广是一个长期的过程，不在乎一朝一夕，只有长期坚持，才能有良好的效果。

二、微信群

微信和 QQ 一样，都有群功能，微信的群可以升级到 500 人，在这个优势的刺激下，越来越多的微信群出现了，每个人可以设置多个群，所以有时会被群主直接拉进群。我们打开微信，会弹出来很多信息，微信群越来越多，我们有时也会不胜其扰。

其实建好微信群，最关键的还是坚持与群友互动并分享实用信息，坚持线上的交流、线下的合作。

（一）加入微信群

加入微信群有两种方法：一种是通过好友邀请（见图 5-42），另一种是扫描群二维码，但是只有当群成员不足 100 时才能使用扫描二维码的方式进群，超过 100 就需要邀请了。

图 5-42　微信好友邀请入群

好了，这里思路就出来了，排除第一个拉群的方法，延伸扫二维码的方法，也就是只要找到足够多的群二维码，扫描后就可以进群。

问题来了，二维码从哪里找？其实，有很多的公司、个人都在宣传微信群二维码，这些组织者在建“鱼塘”。那么我们找到宣传微信群二维码的平台就可以了，比如新浪微博、腾讯微博、豆瓣、贴吧、人人网等。并且豆瓣上还有一个“微信群二维码分享小组”，如图 5-43 所示。

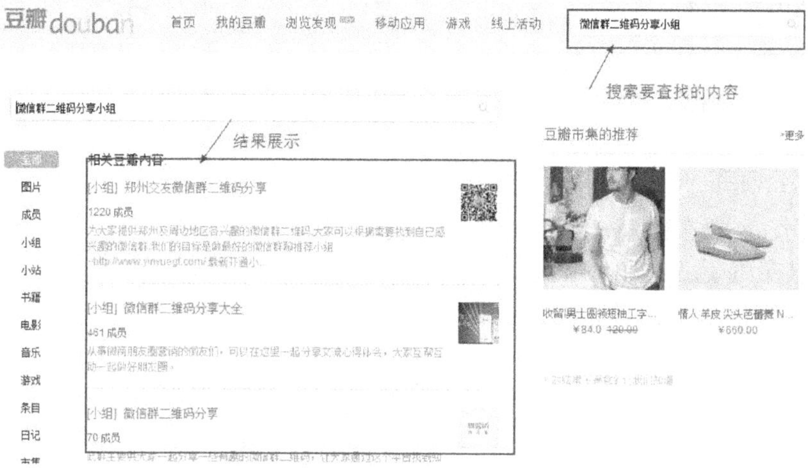

图 5-43　豆瓣微信群二维码分享小组

特别是很多公司、大 V 都在宣传自己的微信群，所以只要搜索找到即可，比如搜索关键词“微信二维码”“扫描微信群”“微信群”等，便能找出大量的微信群二维码（见图 5-44），扫描即可加入。

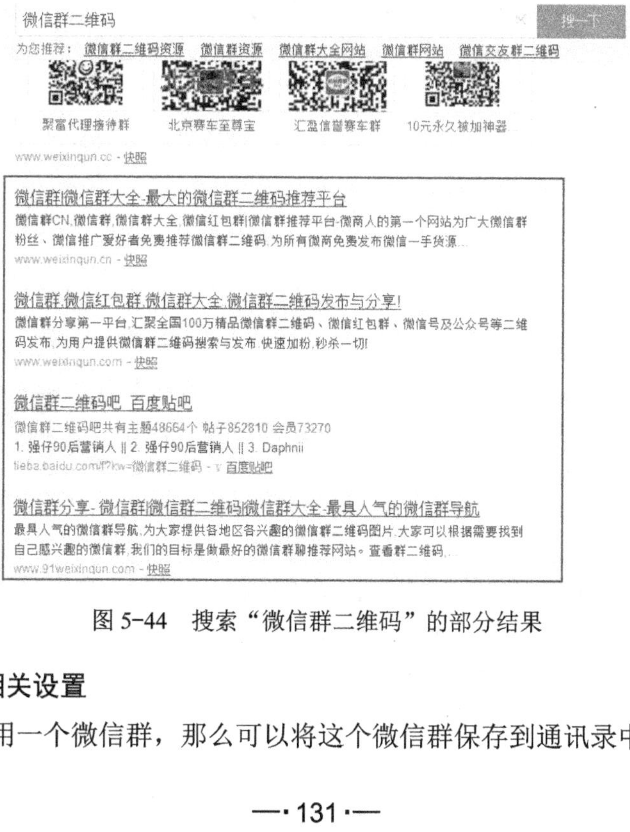

图 5-44　搜索“微信群二维码”的部分结果

（二）微信群相关设置

如果你经常使用一个微信群，那么可以将这个微信群保存到通讯录中，或者使用群置顶的方式，这样你再次想找这些好友群聊的时候，就可以很容易地找到了。

操作方法：打开微信群对话框，单击右上角人物头像的小图标，然后滑到群成员的下面，有“消息免打扰”“置顶聊天”“保存到通讯录”等功能，右侧图标点亮即设置成功，如图5-45所示。

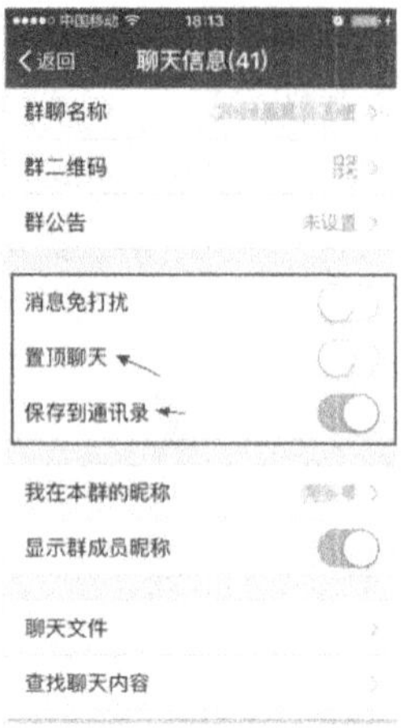

图5-45 微信群设置

（三）退出微信群

有时会因群成员的恶意广告、骚扰信息，或者加入与自己不相关的群而想要退出，点开群聊天界面右上角的按钮，然后选择“删除并退出”，就可以退出这个群了，如图5-46所示。

你会因为一些推广者的信息骚扰而退出群，同样别人也有可能退出你的群，所以在群里一定要注意以下几点：

1）“表情帝”：滥发表情，占用别人时间，这是微信群的陋习。

2）“闲聊妹”：两个人的话长篇大论拿到群里来说，对其他成员会造成极大的骚扰。

3）“班门哥”：觉得内容不错，就马上转发，相信出发点是好的，但其实可能是别人已经看过很多遍的，有班门弄斧的嫌疑。这样做不是一定不可以，但要慎之又慎！

4）重复的广告信息（见图5-47）：这是群聊天最大的禁忌。

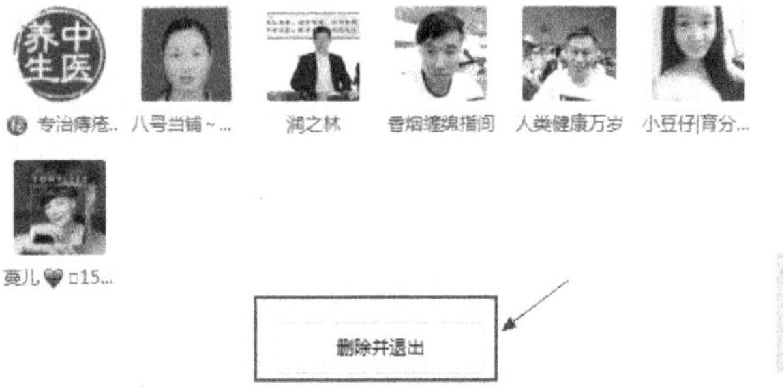

图5-46 删除并退出群

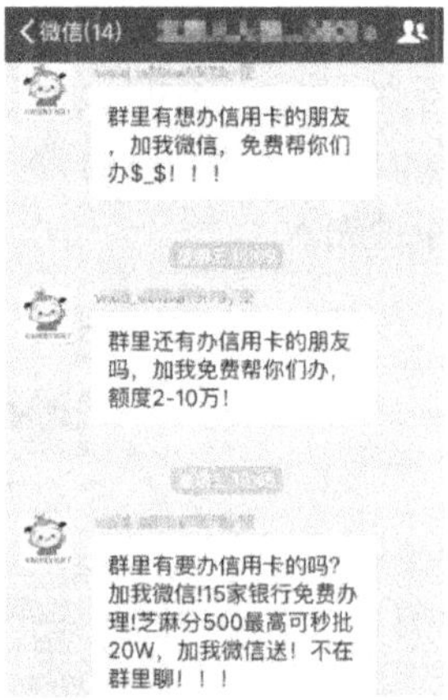

图5-47 重复的广告信息

（四）维系微信群

不过，有些群仍然是维系资源和联系他人的纽带，我们是社群中的个体，不得不使用群功能来实现我们传递思想的目的。比如有关工作的群，有关资讯的群，有关营销的群等。同时，微信群也是最好的人脉拓展加粉工具。每天利用定位精准的群添加精准粉丝，有助于开展营销。

比如现在非常热门的微信群课程，既可维系群用户，又可以进行产品或服务推广，如图5-48所示。这些群一般出自企业市场人员，以及一些互联网营销公司的公众号。

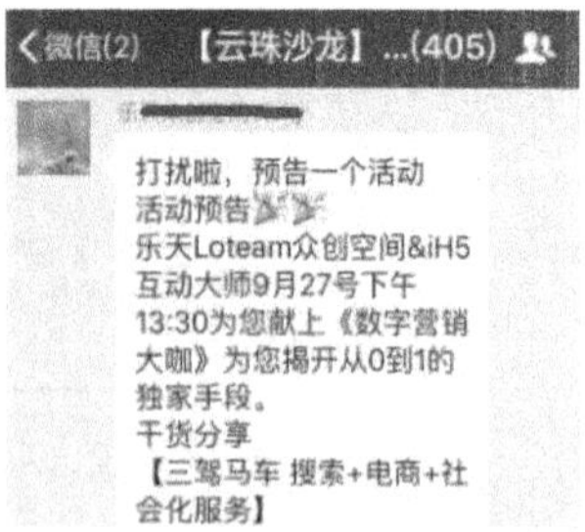

图5-48 微信群课程活动预告

第六单元

UNIT 6

自媒体营销推广

自媒体（We Media）又称“公民媒体”或“个人媒体”，是指私人化、平民化、普泛化、自主化的传播者，以现代化、电子化的手段，向不特定的大多数或者特定的单个人传递规范性及非规范性信息的新媒体的总称。自媒体平台包括博客、微博、微信、百度官方贴吧以及新兴的直播平台等网络社区，随着个人用户对互联网的深度使用，个人门户类网站也将成为自媒体的新兴载体。本章主要以微信、微博来介绍自媒体营销推广的方式方法。

学习目标

1. 了解微信公众号的分类及注册流程。
2. 掌握微信公众号的营销方法。
3. 了解微博的基础知识。
4. 掌握微博营销的七种方法。

模块一 微信公众号基础知识

微信公众号是开发者或商家在微信公众平台上申请的应用账号，个人也能申请个人公众号。通过公众号，商家可在微信平台上实现和特定群体的文字、图片、语音等全方位的沟通、互动。同时还可以利用公众账号平台进行自媒体活动，简单来说就是进行一对多的媒体性行为活动，如商家在微信公众服务号上，通过二次开发（如对接微信会员、营销系统、微官网、微推送、微支付、微活动、微报名、微分享、微名片等）实现自媒体下的推广、营销、售后服务等，现在微信公众号已经成为主流的线上线下互动营销方式之一。

一、微信公众号的形式

微信公众号在注册时有三种选择，分别为订阅号、服务号及企业号，如图 6-1 所示。选择之后便不能再修改，所以在注册时一定要对这三种公众号有所认识，选择自己想要注册的类型。

图 6-1 微信公众号的三种形式

（一）订阅号

微信公众平台订阅号主要是为用户提供信息和资讯，为媒体和个人提供一种新的信息传播方式，构建与读者之间更好的沟通与管理模式。

（1）订阅号的特点 每天可群发一条消息给用户，群发消息会自动收至订阅号文件夹，且群发消息不会提示推送，如图 6-2 所示。

（2）适用用户 主要是为用户提供信息和资讯，适用于个人和组织。

（3）微信公众平台订阅号的功能

1）每天（24 小时内）可以发送 1 条群发消息。

2）发给订阅用户的消息，将会显示在对方的“订阅号”文件夹中，用户在聊天列表中，订阅号文件夹只显示最新收到的订阅号信息（最多显示字数视设备屏幕尺寸而定）。

3）支持基础消息接口和自定义菜单设置。

图 6-2　微信公众平台订阅号

（二）服务号

微信公众平台服务号主要是为用户提供服务的，给企业和组织提供更强大的业务服务与用户管理能力，帮助企业快速搭建全新的公众号服务平台。

（1）服务号的特点　每月可群发 1 条信息给粉丝，且群发的消息会即时通知粉丝，并显示在聊天列表中，如图 6-3 所示。

（2）适用用户　主要是为用户提供服务，一般比较适合银行用户和企业用户，如招商银行、中国南方航空。

（3）微信公众平台服务号的功能

1）1 个月（自然月）内仅可以发送 4 条群发消息。

2）发给用户的消息，会显示在对方的聊天列表中，并对应服务号的首条图文消息的标题或文字消息的内容（最多显示字数视设备屏幕尺寸而定）。

3）支持基础消息接口、高级接口和自定义菜单设置。

4）支持微信支付功能，满足条件的方可申请开通，如图 6-4 所示。

图 6-3　微信公众平台服务号

图 6-4 微信支付

（三）企业号

微信工作平台企业号是微信为企业客户提供的移动服务，旨在提供企业移动应用入口。它可以帮助企业建立员工、上下游供应链与企业 IT 系统间的连接。利用企业号，企业或第三方服务商可以快速、低成本地实现高质量的企业移动轻应用，实现生产、管理、协作、运营的移动化，如图 6-5 所示。

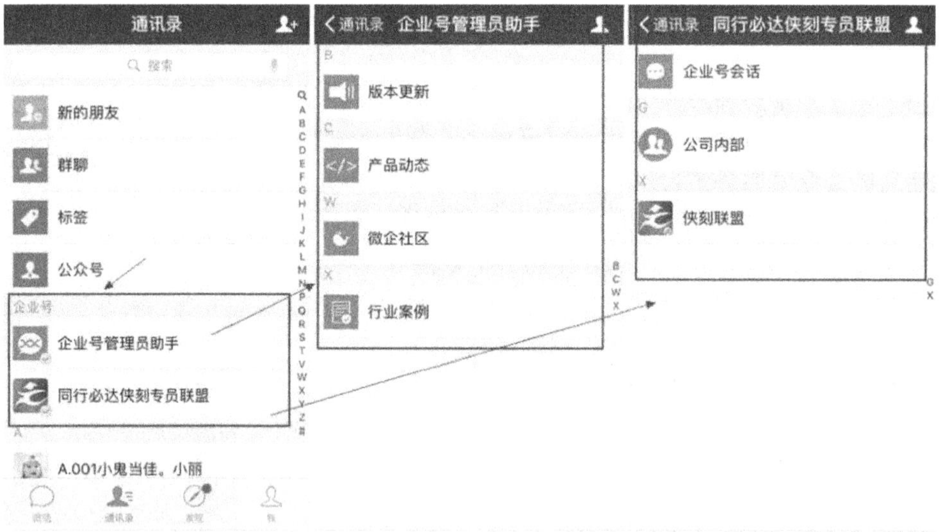

图 6-5 微信企业号

微信企业号作为企业 IT 移动化解决方案，相比企业自己开发 APP 具有明显的优势，具体表现在以下三方面：

（1）快速移动化办公　企业在开通企业号后，可以直接利用微信及企业号的基础能力，加强员工的沟通与协同，进行企业文化建设、公告通知、知识管理等，快速实现企业应用的移动化。

（2）开发成本较低　仅需要按照企业号的标准 API（应用程序编程接口）与现有系统进行对接。

（3）零门槛使用　用户微信扫码关注即可使用，在玩微信时，随手处理企业号消息，无须学习即可流畅使用。

（四）订阅号、服务号、企业号三者的区别

微信公众平台订阅号、服务号、企业号虽然都出自微信，都是基于微信平台来实现与用户之间的联系，在平台上开展内容推送、营销管理等服务，但是三者却有很大的区别，具体见表 6-1。

表 6-1　订阅号、服务号、企业号的区别

	企业号	服务号	订阅号
面向人群	面向企业、政府、事业单位和非政府组织，实现生产管理、协作运营的移动化	面向企业、政府或组织，用以对用户进行服务	面向媒体和个人提供一种信息传播方式
消息显示方式	出现在好友会话列表首层	出现在好友会话列表首层	折叠在订阅号文件夹中
消息次数限制	最多每分钟可群发 200 次	每月群发消息不得超过 4 条	每天群发一条
验证关注者身份	通讯录成员可以关注	任何微信用户都可以关注	任何微信用户都可以关注
消息保密	消息可转发、分享。支持保密消息，防成员转发	消息可转发、分享	消息可转发、分享
高级接口权限	支持	支持	不支持
定制应用	可根据需要定制应用，多个应用聚合成一个企业号	不支持，新增服务号需要重新关注	不支持，新增服务号需要重新关注

（五）普通号与认证号的区别

微信公众平台订阅号、服务号、企业号都可以申请认证（个人订阅号除外），认证需要提供企业或团体组织的相关证件资料，缴纳认证费 300 元/（年・个），认证结果一般 7～15 个工作日下来，如图 6-6 所示。

图 6-6　箭头符号点亮表示通过认证

那么通过认证和未通过认证的公众号功能会有哪些区别呢，我们来看看表 6-2。

表 6-2 普通订阅号、服务号与认证订阅号、服务号的区别

功 能 权 限	普通订阅号	认证订阅号	普通服务号	认证服务号
消息直接显示在好友对话列表中			√	√
消息显示在订阅号文件夹中	√	√		
每天可以群发 1 条消息	√	√		
每个月可以群发 4 条消息			√	√
基本的消息接收/回复接口	√	√	√	√
申请广告主功能		√		√
申请卡券功能		√		√
申请多客服功能		√		√
聊天界面底部，自定义菜单 （可设置跳转外部链接，设置纯文本消息）		√	√	√
申请开通微信小店				√
部分开发接口		√		
全部高级开发接口				√
申请开通微信支付				√
公众号头像及详细资料会显示加“V”标识		√		√

注：1．个人类型公众号暂时不支持微信认证。（2014 年 8 月 24 日前注册成功且条件满足的公众号可以认证）。
2．政府与媒体类订阅号认证后可申请微信支付。

二、注册微信公众号

现在几乎每个企业都会有自己的微信公众号，那么作为网络营销推广工作者，运营微信公众号也是必不可少的，下面就讲一下微信公众号的注册。

1）登录微信公众平台网站，网址：https://mp.weixin.qq.com，打开登录界面，如图 6-7 所示。

图 6-7 微信公众号登录界面

2）单击右上角“立即注册”，进入注册界面，按照界面提示，填写相关信息，如图 6-8 所示。

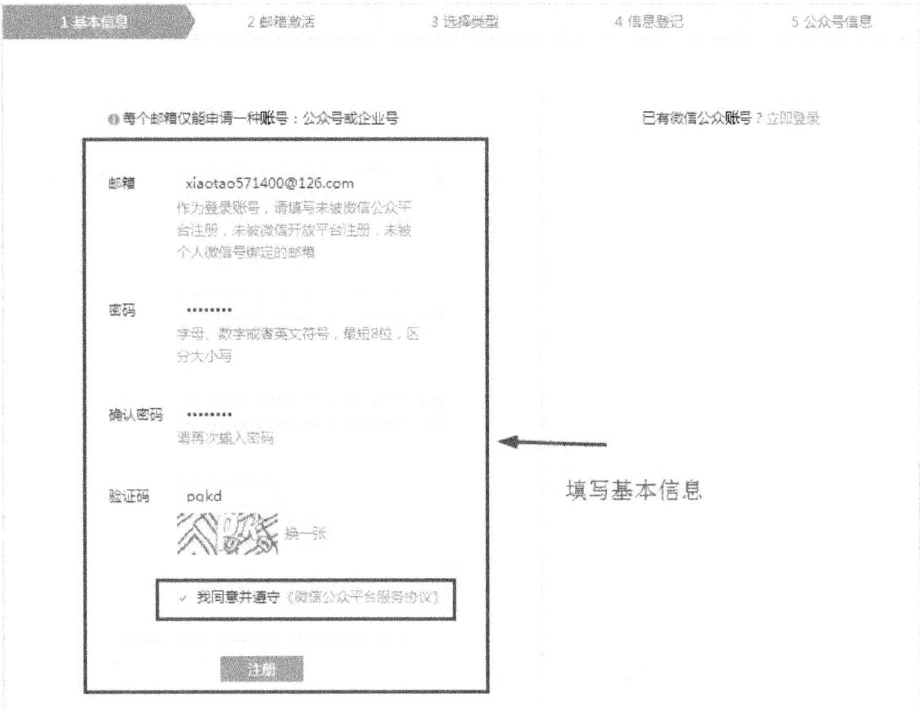

图 6-8　注册信息提交界面

3）提交基本信息并通过邮箱验证后，进入选择注册类型的界面，这里一定要区分三种类型公众号的功能，选择适合的类型，如图 6-9 所示。

图 6-9　选择一种账号类型

4）如果是个人只能选择订阅号，企业或组织等可以选择任意一种，假设选择订阅号，接下来就比较重要了，因为提交的主体信息会关系到后期微信运营，如图 6-10 所示。

图 6-10 选择账号主体

5）如果是个人注册只需要验证身份证就可以了，但是其他主体注册均需要营业执照或相关证件，所以在注册企业为主体的微信公众号时，需要事先准备好企业营业执照、运营者身份证等扫描件，以便更流畅地注册微信公众号。

假设选择企业为注册主体，在提交账号主体时有两种注册方式（见图 6-11），第一种是支付验证注册，支付验证注册是腾讯向注册方（企业）对公账户打入一笔很小的验证金额（一般在 1 元以内）；第二种是微信认证，微信认证是使用注册方（企业）对公账户向腾讯指定账户打入 300 元认证费，然后由指定的认证部门进行资格审核。上面提到了认证与不认证账户的区别，如果是企业注册，一般建议选择微信认证，当然也可以先进行支付验证注册，开通微信公众号后再进行公众号认证。

6）填写公众号信息了（见图 6-12），比如账号名称，账号名称可以是企业名称，也可以是与业务相关的科普类词，但是不能与现有的重复，也不能使用他人被保护的品牌名。比如“京东”，京东是受保护的品牌，其他需要注册带有“京东”字样的账号都必须提交相关证明。

微信公众账号名称最好一次起好，因为后期修改比较麻烦，尤其是企业公众号一旦认证就无法修改，除非再次提交认证时申请更名，而个人公众号每年可以修改一次名称（该功能 2016 年 4 月份开通），所以账号注册前可以多起几个以备选。

7）当所有信息都填写完毕，单击“完成”按钮，会看到注册成功的界面，就可以正式登录微信公众号并进行运营推广了，如图 6-13 所示。

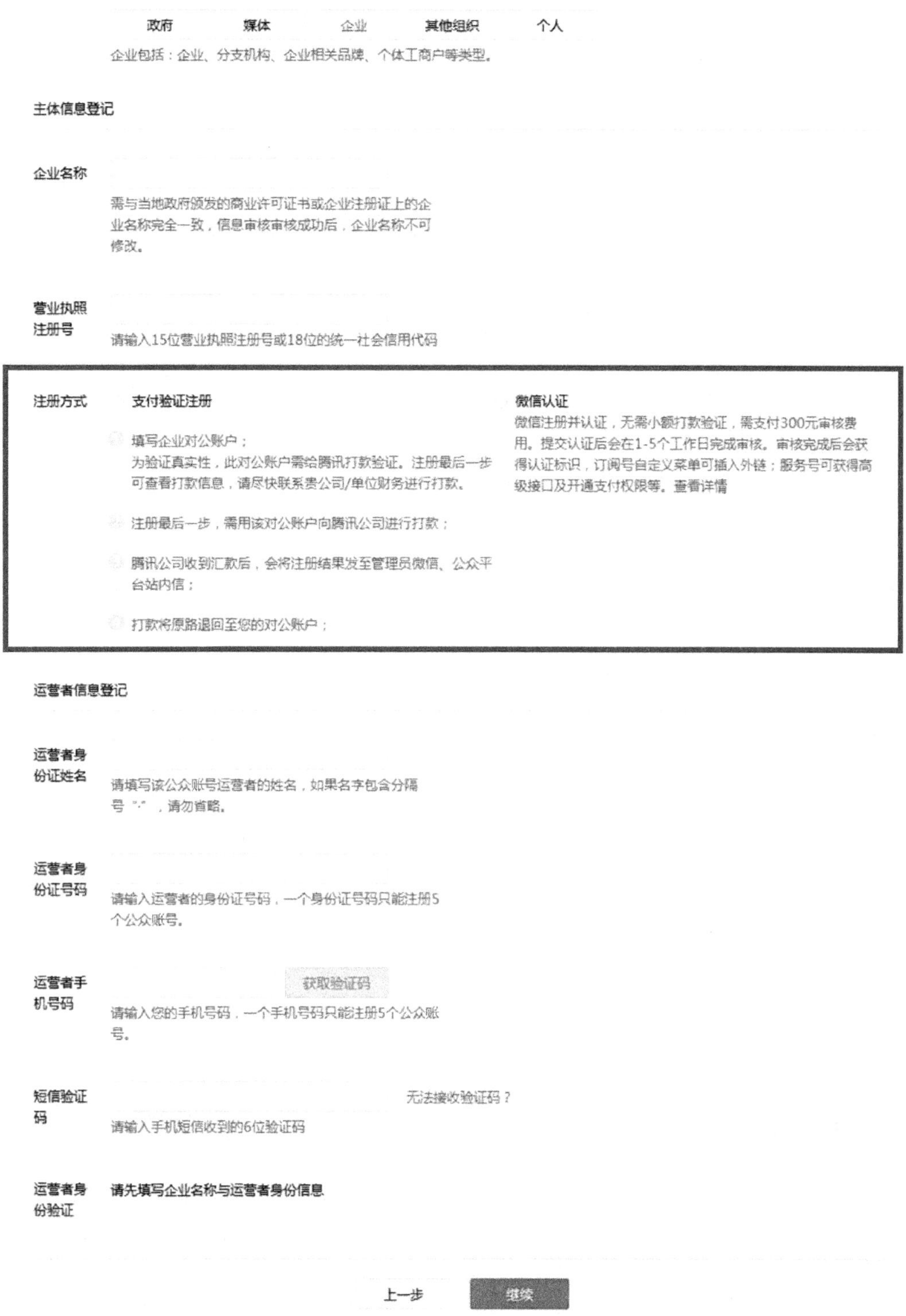

图 6-11　完善账号主体信息

图 6-12　填写公众号信息

图 6-13　注册成功

模块二　微信公众号营销方法

拥有一个微信公众号只是微信公众号营销的开始，接下来的运营、维护、推广才是日后真正需要做的大量工作。自 2014 年自媒体（主要是微信）营销盛行后，带动了企业自媒体运营人才的需求，同时出现了很多微信代运营的网络公司，因此，掌握微信公众号的营销方法在网络营销中非常重要。

一、微信公众号基本运营

前面提到注册微信公众号时名称起好之后一般都不会去改了，但是其他内容我们是可以进一步运营和维护的，比如以下几点。

（一）头像

头像同微信公众号名称一样，都会展示在列表里，所以头像的设计也是非常重要的。微信公众号的头像分不同场景，会展示成圆形或方形，所以在上传头像时最好都考虑到，使头像不论是以何种模式呈现都不会影响整体效果，如图 6-14 所示。

图 6-14　上传头像

（二）微信公众号介绍

与头像一样，公众号介绍也很重要，因为在公众号搜索列表里会展示前两行（约 31 个汉字）的介绍内容，新用户关注公众号前首先会看这个公众号的介绍是否符合用户需求，所以公众号介绍需要用有限的字数（120 字内）将公众号特点、功能阐明，还要具有吸引力，吸引用户来关注。公众号介绍可在管理后台公众号资料里修改，如图 6-15 所示。

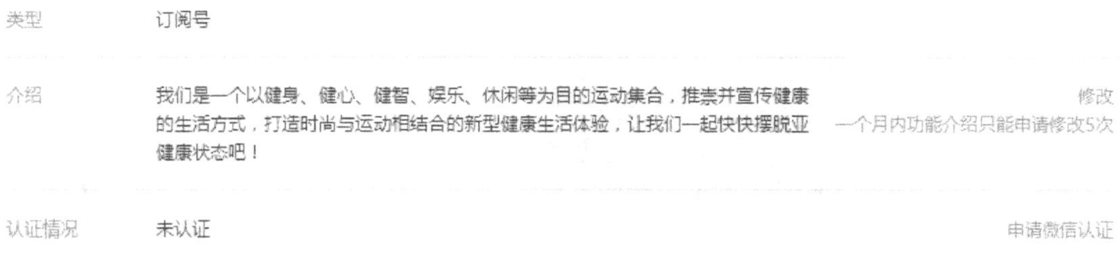

图 6-15　功能介绍修改

（三）功能设置

功能设置包含隐私设置、图片水印、JS 接口安全域名三方面，如图 6-16 所示。

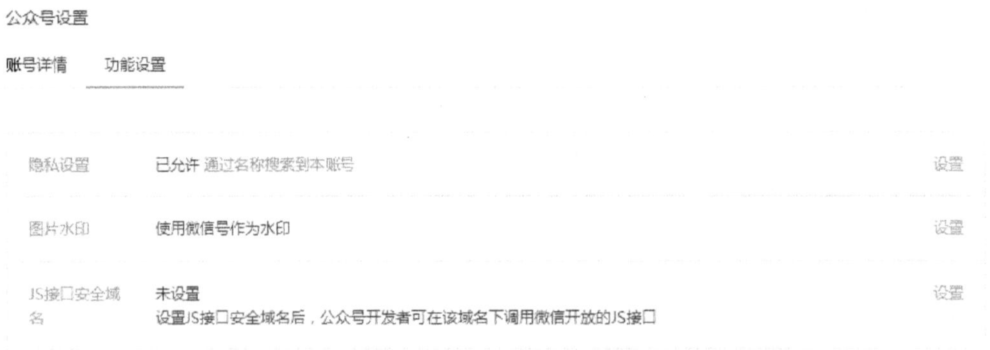

图 6-16　功能设置

（1）隐私设置　可以设置是否允许用户通过名称搜索到本公众号，一般为了便于推广和用户查找，都会选择“是”，如图 6-17 所示。

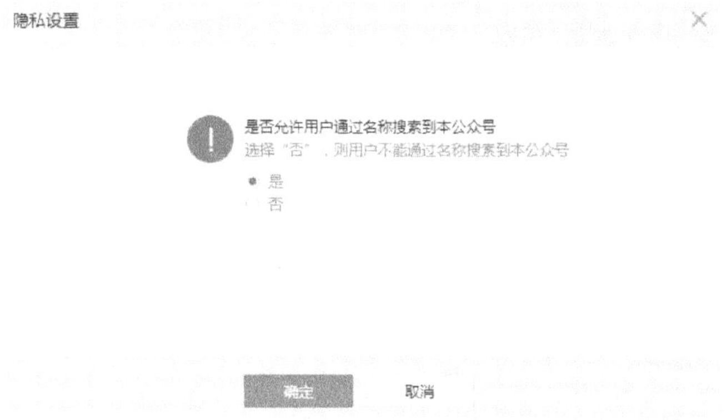

图 6-17　隐私设置

（2）图片水印　可以设置图文消息和图片消息的微信水印模式（见图 6-18），这个也可以根据需求针对某一篇文章里的图片单独设置（见图 6-19），水印设置是比较灵活的。

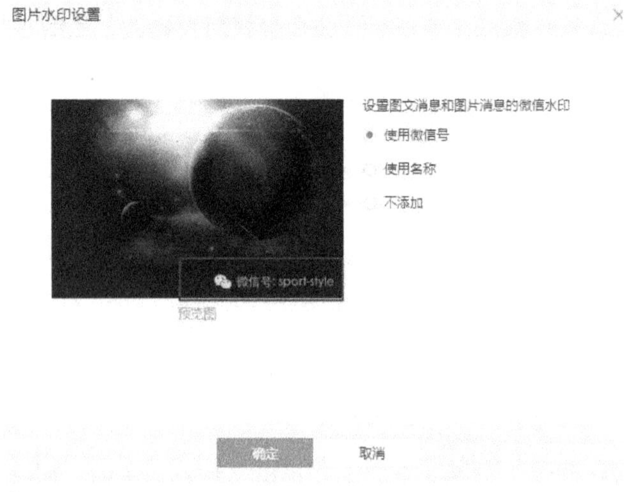

图 6-18　水印设置

图 6-19　编辑文章页上传图片时设置水印

（3）JS 接口安全域名　设置 JS 接口安全域名后，公众号开发者可在该域名下调用微信开放的 JS 接口。用户可以填写三个域名或路径，且填写的域名必须通过 ICP 备案的验证，如图 6-20 所示。

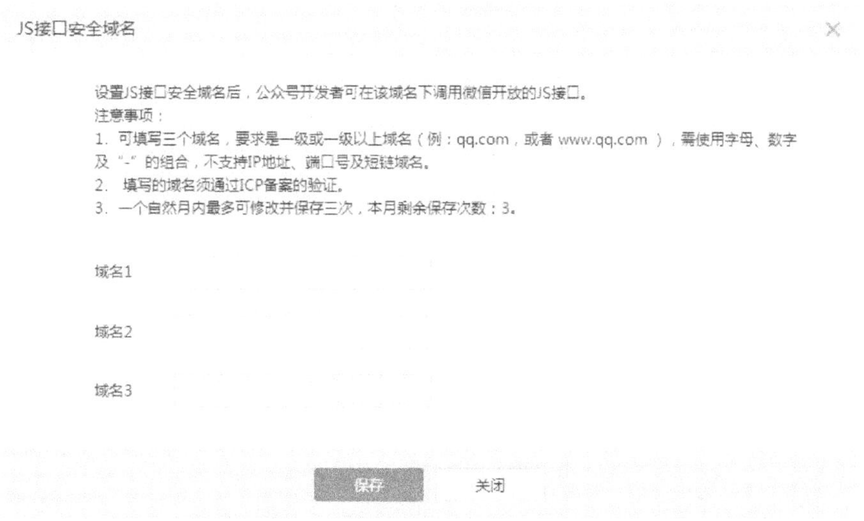

图 6-20　设置 JS 接口安全域名

二、微信公众号内容编辑与发送

微信公众号主要推广方式就是通过内容发送，获取用户关注，所以内容编辑与发送非常重要，我们可以将内容提前编辑好放入素材库中，等到发送的时候直接单击“从素材库中选取”然后发送即可。

（1）编辑素材　如图 6-21 所示，在公众号后台首页单击左侧“素材管理”→右侧“+新建图文消息”，进入编辑页面。

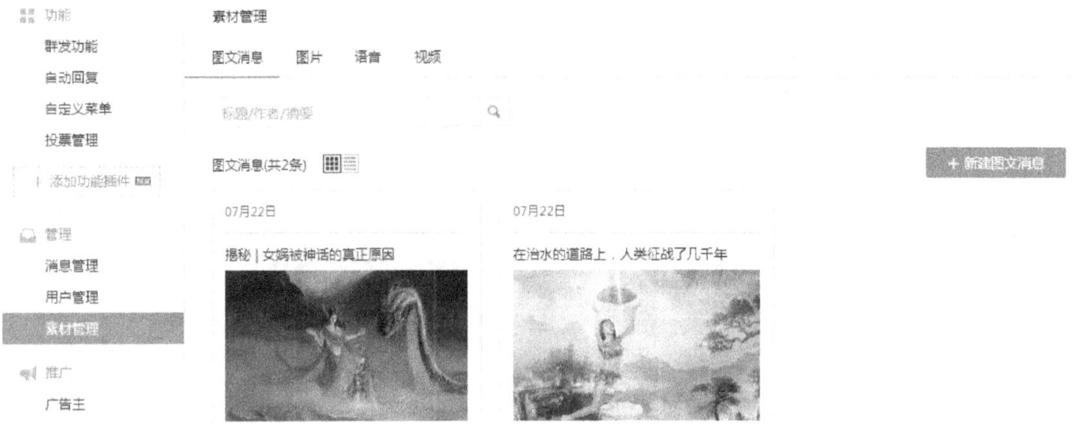

图 6-21　新建素材

素材可以是图文消息，也可以是图片、语音、视频，发送文字消息无须在素材管理里编辑，一般图文消息是使用频率最高的，图文消息可以包含文字、图文、音频和视频等多种格式的文件，如图 6-22 所示。

图 6-22　图文消息编辑页面

（2）发送内容　如图 6-23 所示，单击左侧“群发功能”，进入群发页面，单击选择“从素材库中选择”，会弹出素材库中的内容，选择要发送的“图文消息”即可。如果是发文字、图片等，可以在群发页面切换窗口。

（3）自动回复　因为我们不能保证 24 小时在线，所以当用户给我们发信息时，如果设置了自动回复，就无须人工回复了。如图 6-24 所示，单击左侧“自动回复”即可，如果是第一次使用，需要单击右侧“启用”才能开启自动回复的功能。

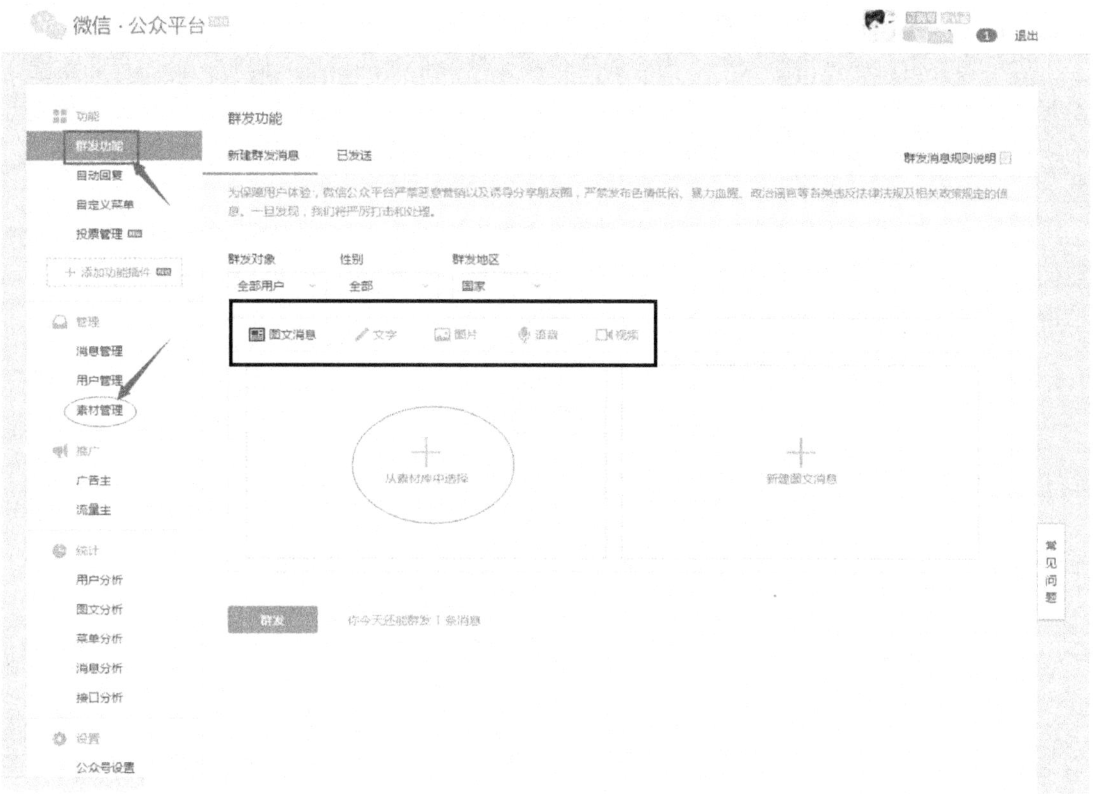

图 6-23　群发消息

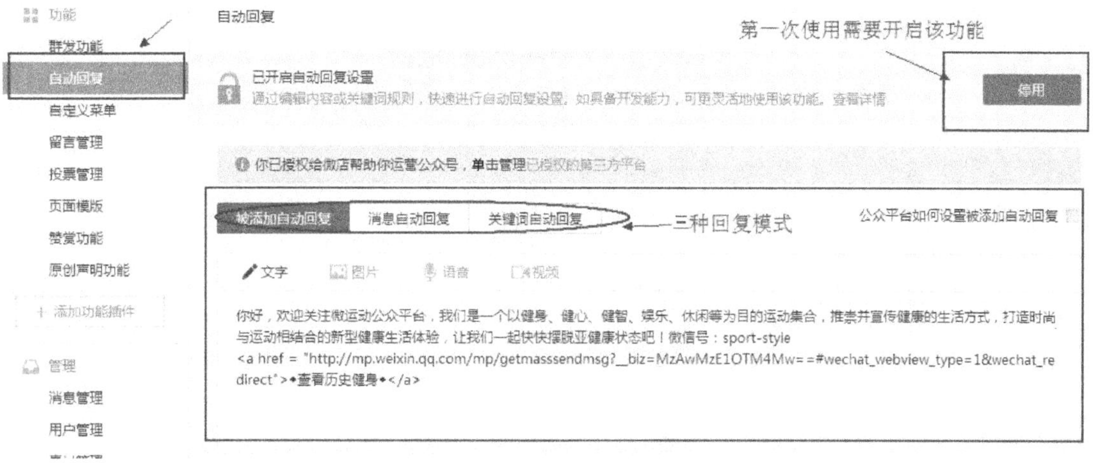

图 6-24　设置自动回复

开启后，出现三种回复模式：被添加自动回复（即首次关注回复）、消息自动回复（即用户发来信息回复）、关键词自动回复（即用户发来的消息包含设置的关键词回复的内容）。

三、微信公众号内容营销

除了日常的基础维护，公众号运营还需要掌握适当的营销推广技巧。接下来，我们谈谈微信公众号内容运营有哪些运营方法。

（1）内容定位——内容为王　内容的定位应该结合企业的特点，同时又从用户的角度去着想，而不是一味地只推送企业自己的内容，记住微信不是为企业服务的，而是为用户服务的。只有用户能从你的微信当中获得需要的内容，他们才会更加忠实于你，和你成为朋友，接下来的销售才顺理成章。

比如“微运动”公众号是一个运动类的订阅号（见图 6-25），那么从用户的角度来分析，他们关注这个订阅号，是想获得更多与运动、健身相关的内容，那么针对该公众号用户的定位群体，推送的内容也应该是与运动、健身相关的知识等。

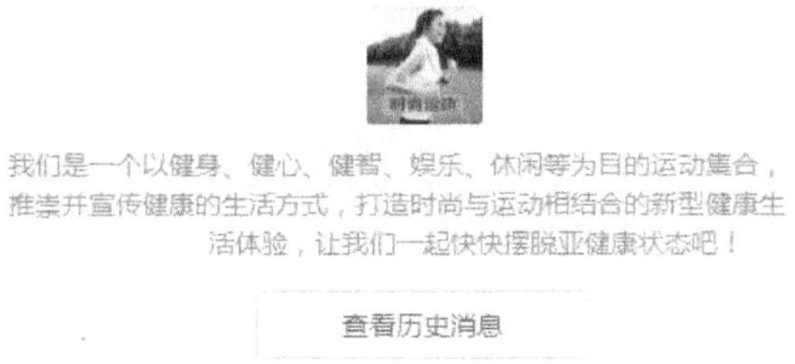

图 6-25 “微运动”公众号

（2）内容推送——拒绝骚扰　之前微信公众号的数量并没有这么多，有些运营者每天都推送 1 次群发消息，用户那时还不会反感，反而觉得新奇。但是现在每个用户都会订阅很多个账号，推送的信息一多根本看不过来（见图 6-26），所以推送频率太高，用户会认为是骚扰而取消关注。

图 6-26 看不过来的微信公众号消息

（3）从线上到线下——互动营销　现在很少有人提及微信的线下互动，但从沟通的效果而言，见面显然是达到最好效果的方法，也更容易拉近感情。线上线下活动结合的意义在于面对面的交流更容易培训忠实的粉丝，产生更鲜活、更接地气的内容，这样的微信公众号才会显得更真实、更有亲和力。比如西安万科公众号举办的“城市乐跑赛”，就成功地将线上用户引流到线下，如图 6-27 所示。另外，微信仅依靠自然增长用户会很有限，线下活动也是增加微信用户的重要手段。

（4）他山之石——对手是最好的老师　做微信运营一定要有开放的心态，记住：竞争对手是最好的老师！所以要积极关注竞争对手的微信，如果你关注了 100 个竞争对手的微信，就相当于有 100 个微信运营者在教你怎样做好微信营销。另外，千万不要一个人坐在家里学习微信营销，应该经常去一些做微信营销的微信群（见图 6-28）、QQ 群、论坛等，看一看大家都在聊什么，在那里你能学到很多东西。

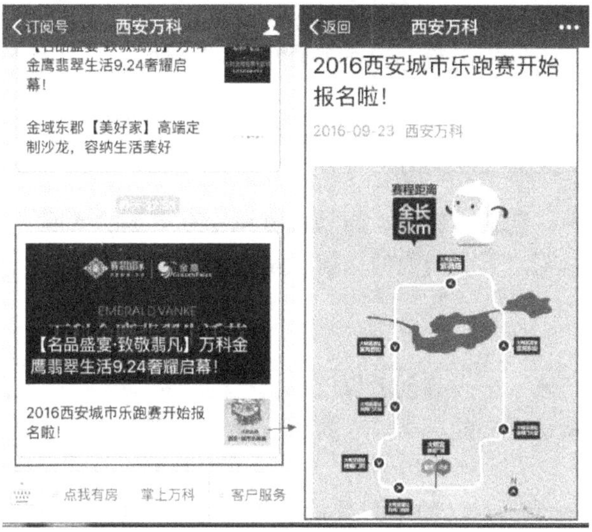

图 6-27　西安万科“城市乐跑赛”线下活动

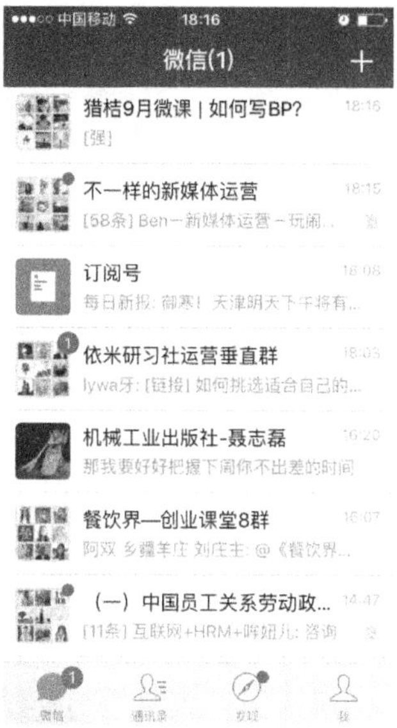

图 6-28　积极加入行业相关群

（5）贵在坚持——日久见人心　坚持很重要。你写一篇文章，读者不一定认可你，但是当你写到 50 篇甚至 100 篇的时候，一定会有部分读者认可你，所以坚持最重要。微信营销不能靠“一招鲜”，拼的是投入和执行力，长期坚持下去，在实践中不断积累经验，培养和用户的感情，你的目标才有可能实现。

模块三　微博基础知识

目前，微博的用户数量已经超过 7 亿，并且微博不像微信需要通过验证才能互为好友，微博可以单方面关注对方，所以在微博营销推广上也有它与众不同的优势。

一、微博概述

微博，即微型博客的简称，是“一句话博客”，以 2000 字（包括标点符号）的文字更新信息（2016 年 10 月份改成 2000 字，可以发布长微博了），是一种通过关注机制分享简短实时信息的广播式的社交网络平台，如图 6-29 所示是新浪微博首页框架。

图 6-29　微博首页框架

微博的关注机制分为单向、双向两种。现在，新浪、网易、腾讯都有自己的微博平台，其中新浪的使用率更高。如若没有特别说明，下面所说的微博就是指新浪微博。

二、微博营销推广基础

微博营销推广是指通过微博平台为商家、个人等创造价值而执行的一种营销推广方式，也是指商家或个人通过微博平台发现并满足用户的各类需求的商业行为方式，是目前企业自媒体推广的主要形式之一。

微博营销以微博作为营销平台，每一个听众（粉丝）都是潜在的营销对象，如图 6-30 所示是京东微博首页，其中左侧显示的是关注数、粉丝数及微博条数，其中粉丝会收到它发布的微博信息。

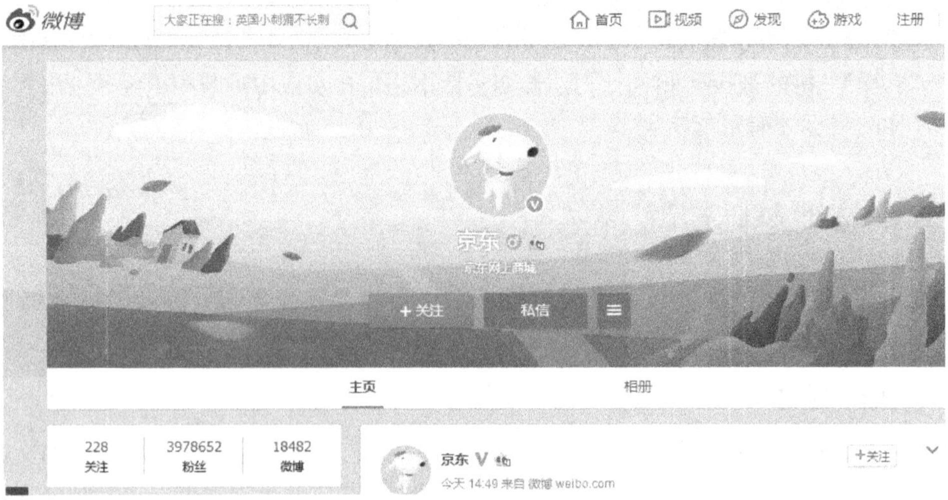

图 6-30　京东微博首页

企业通过更新自己的微博内容向网友传播企业信息、产品信息，树立良好的企业形象和产品形象。每天更新内容就可以跟大家交流互动，或者发布大家感兴趣的话题，从而达到营销的目的，如图 6-31 所示京东发布的微博内容。

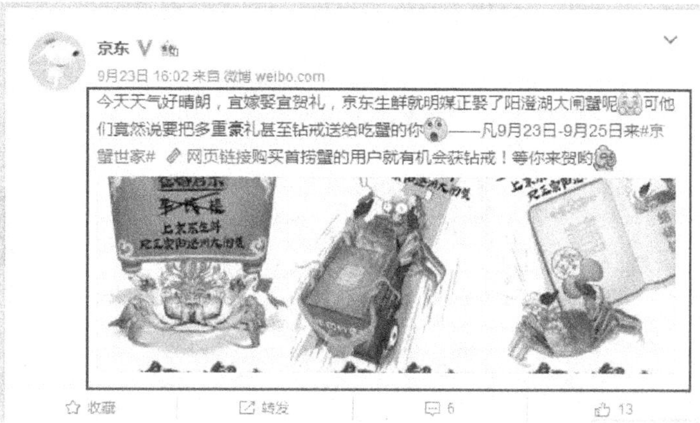

图 6-31　京东微博内容

在微博首页右侧“热点话题”单击“查看更多”可以进入话题榜，或者单击左侧“微话题”，也可以查看近期热点话题，如图 6-32 所示。话题榜是按照话题讨论次数或关注人数及时间先后进行排名的，时间越近，话题关注人数越多越靠前，上了热点榜将会吸引更多的用户去关注，所以挤进热点榜是每一个微博运营者的目标，尤其是在进行事件营销时。

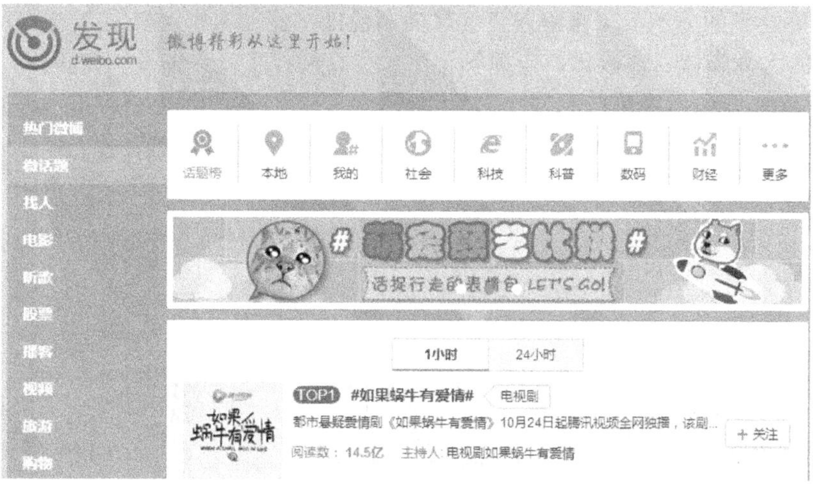

图 6-32　微博话题榜

微博营销注重价值的传递、内容的互动、系统的布局、准确的定位，微博的火热发展使得其营销效果尤为显著，很多大 V 利用微博营销取得了巨大的成功。微博营销涉及的范围包括认证、有效粉丝（见图 6-33）、朋友、话题、名博、开放平台、整体运营等，需要大家在后期的学习及实际操作中加以掌握。

图 6-33　微博粉丝

三、微博营销的优势

微博现已成为企业与消费者联系的纽带之一，得到了很多企业的关注，这对企业品牌形象的树立起到很大的作用，成为自媒体的一种传播媒介，是网络营销中不可缺少的一部分。微博作为网络营销平台有其自身的优势。

（1）微博营销的成本低　微博发布信息的门槛低，任何人都可以发布 2000 字以内的信息。与传统的大众媒体、流媒体、电视等相比，受众同样广泛，前期一次投入，后期维护成本低廉，如图 6-34 所示微博信息发布简单快捷。

图 6-34　发布简单快捷

（2）微博营销的门槛低　微博可以个人注册，也可以官方注册，或者注册一个官方号，再注册一些该企业工作个人号，注册无需费用，门槛低，人人都可以在微博上做自己的营销推广，如图 6-35 所示。

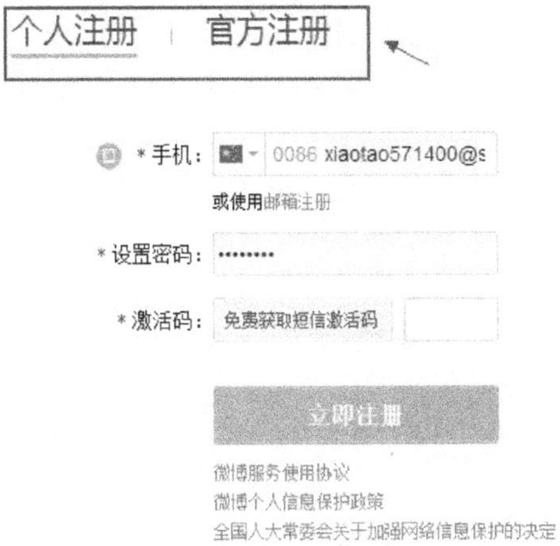

图 6-35　个人或官方都可以注册微博

（3）微博营销的效果好　微博营销是投资少见效快的一种新型的网络营销模式，其营销方式和模式可以在短期内获得很高的收益。只要微博内容有很强的可读性，你的粉丝就会帮你转发进行二次推广（见图 6-36），中间可以免去大量的广告费用。

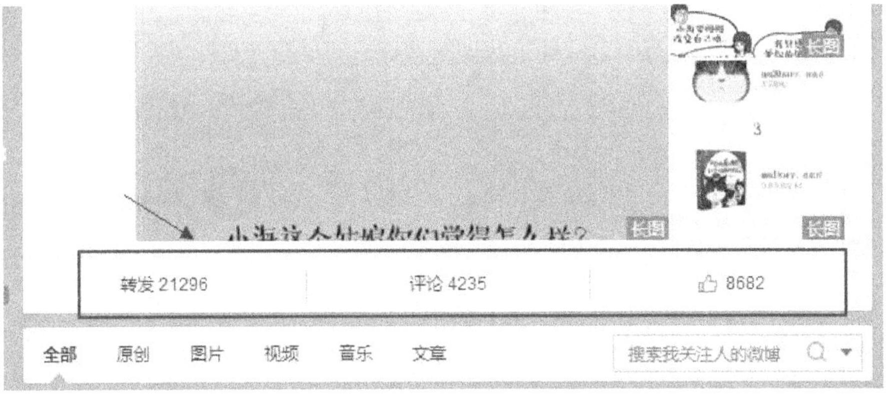

图 6-36　微博被转发、评论、点赞

（4）微博营销可以拉近与消费者的距离　在微博上面，美国总统可以和平民点对点交谈，政府可以和民众一起探讨，明星可以和粉丝们互动（见图 6-37），微博可以轻松拉近人与人之间的距离。

此外，微博还有立体化、高速度、便捷性和广泛性等特点。微博营销可以通过文字、图片和视频等形式展现对产品的描述，使消费者更容易接受信息，同时它的传播速度非常快，能够在短时间内达到相当多的目击人数，并通过粉丝获得病毒式的传播，影响非常广泛，可使事件的传播量呈几何级放大，如图 6-38 所示是某热点事件在短时间内聚集了大量用户。

图 6-37 明星微博

图 6-38 热点事件在短时间内聚集大量用户

模块四 微博营销的推广方法

微博营销方法有很多，下面我们就来具体说明一下。

一、善用大众热门话题

这需要我们有敏锐的洞察力，在更新自己的微博前，先去搜索一下别人感兴趣的热门话题，然后将其策划进我们的营销内容，这样可以提高被用户搜索到的概率，从而达到营销的目的。在发广播的时候，在热门关键词前后分别加“#”号，如“#微话题#”，就可以创建话题，或引入热点话题，如图 6-39 所示。

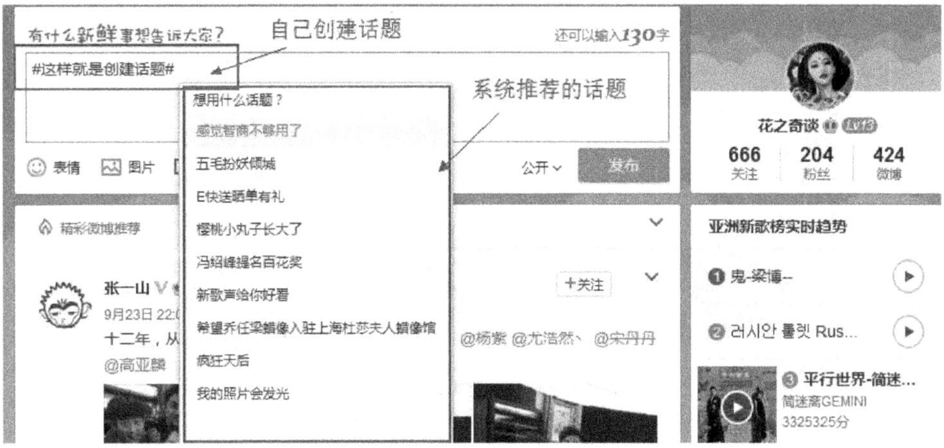

图 6-39　发布内容时设置话题

二、要设置好标签

更新好了自己的微博，就要设置标签，如发的微博是网站推广类的，就要设置一些推广类的标签，这么做的好处是容易被人关注。如果没有设置或者设置了错误标签，别人在看推广类的微博时就不会看到你更新的内容。

如图 6-40 所示，单击右上角“个人设置”—“账号设置”—“我的信息”—“个人标签”，就可以设置自己的标签了。

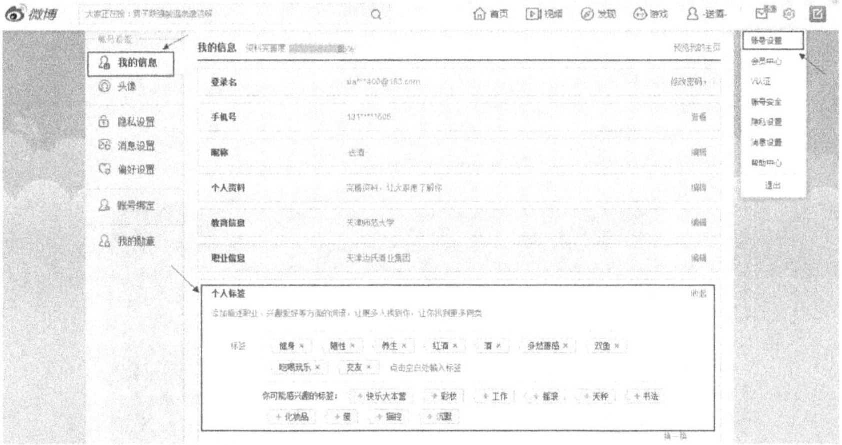

图 6-40　设置标签

三、有规律地进行更新

不要注册了一个微博账号，却从不去更新它，或者是一天发很多条广播。我们每天平均发送内容不应该超过 20 条，这里建议每 1 至 2 小时发送一条，一天发送 6～8 条最佳。

当不能即时发微博时，可以提前将内容编辑好，然后单击微博下方“…”—“定时发”—设置发布时间，最后单击“发布”就可以了，在“管理待发布微博”中可以查看到将定时推送的微博，如图 6-41 所示。

图 6-41　定时发微博

四、规划好发布时间

不同行业、不同类型的微博发布规律也略有不同，但一般在工作日情况下，微博浏览量及互动量呈现几个高峰时段，如早间 9:00 和 14:00 刚上班的时间段是阅读高峰；午间 12:00—13:00 是互动高峰；下班后的时间段（20:00—24:00）阅读及互动转发率较高，相对来说营销价值大。所以要赶在这些高峰流量时间发布微博，才可能产生高阅读率和高转发率。

但是现在“深夜发博”也成了很多大 V 的发博惯例（见图 6-42），为什么要深夜发博呢？有这样一种解释：深夜时身体告诉我要休息了，但是大脑却说“不要”，所以上微博看看，此时大脑一片空白，容易被引导。所以深夜发博更容易引导用户的思想或行为，但不是所有的内容都适合深夜发，这取决于受众群体和推广内容的特点。

图 6-42　深夜发博

五、要主动与别人进行互动

当别人点评了你的微博，你可以和他们进行对话。你还可以去创办一些热闹的活动、趣闻、解答等，让别人去参与，这样才会有客户和潜在客户愿与你交流，去分享、评论你的内容。同时，多去参与热点话题的讨论，有助于提高曝光率，如图 6-43 所示。

图 6-43　参与微博留言互动

六、微博优化选取热门关键词

做微博关键词优化的时候，要尽可能地以关键字或者关键词组来开头，尽量利用热门的关键词和容易被搜索引擎搜索到的词条，提高搜索引擎的抓取速率，但这些内容也要和推广的内容相关，换句话说，要考虑到听众的需求，如果一味地为了优化而优化，那就得不偿失了。

如图 6-44、图 6-45 所示，微博有简易搜索或高级搜索，通过微博搜索可以搜索综合信息、找人、图片、兴趣主页等，高级搜索结果会更加详细精准。

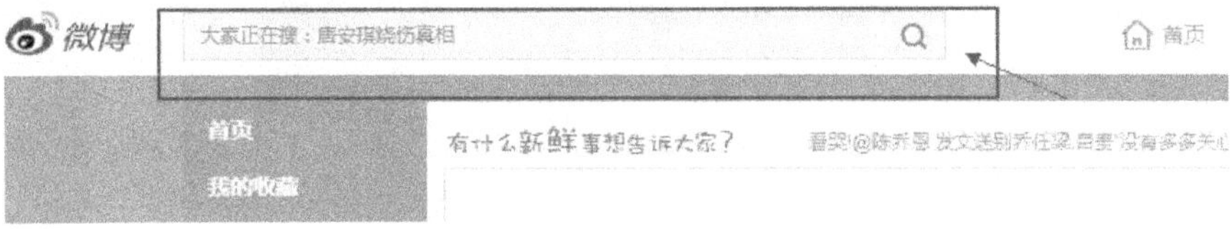

图 6-44　简易搜索

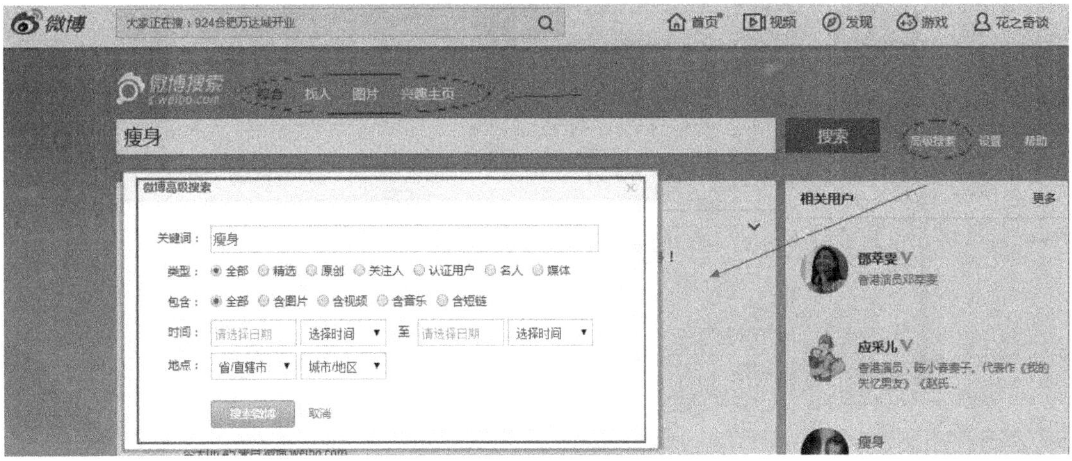

图 6-45　高级搜索

七、善用关注

在微博推广的前期，关注能够让你迅速聚集粉丝。在新浪微博，每天最多只能关注 500

个人，关注的上限人数为 2000 人。

关注的来源很多，比如首页推荐关注（见图 6-46）；还有在大 V 下面看评论，发现比较活跃的用户都可以关注。记住，关注时一定要关注活跃的用户，如果关注僵尸用户则没有什么意义，为避免该情况，在关注之前可以看看对方近期发布的微博，或者对方的微博资料是否详细等，如图 6-47 所示。

图 6-46　首页推荐关注

图 6-47　简单查看用户资料

关注对方以后不是就不管了，可以适当地与其对话、发送信息等，尽量将其引导过来并关注你，视他们为你的粉丝会取得更良好的效果。不过，等你的粉丝涨上来以后，也可以对不相关或不太活跃的用户进行取消关注。如图 6-48 所示，在微博首页，单击关注数量可以进入关注的用户列表页，可以单独对他们发送信息，或进行其他管理。

图 6-48　查看关注的好友

微博已经成为当下火热的网络营销推广方式之一，几乎每个企业或组织都会建立自己的微博自媒体平台。微博推广不仅推广成本低，而且可控性强，是企业事件营销的首选平台，因此做好微博营销有利于未来网络营销的推广。